本专题研究得到教育部人文社科青年基金项目"基于委托代理视角的可转债治理机制研究"(12YJC630112)和自然科学基金项目"可转换债券融资下的委托代理与公司价值研究"(70872116)的资助,在此表示感谢。

The Governance Effects and
Long-term Performance of
Issuing Convertible Bonds

可转债治理机制及绩效研究

刘春 刘娥平 著

北京大学出版社
PEKING UNIVERSITY PRESS

图书在版编目(CIP)数据

可转债治理机制及绩效研究/刘春,刘娥平著.—北京:北京大学出版社,2014.6

ISBN 978-7-301-24305-3

Ⅰ.①可… Ⅱ.①刘…②刘… Ⅲ.①可转换债券-研究-中国 Ⅳ.①F832.51

中国版本图书馆 CIP 数据核字(2014)第 113373 号

书　　　　名:	可转债治理机制及绩效研究
著作责任者:	刘　春　刘娥平　著
责 任 编 辑:	徐　音　王业龙
标 准 书 号:	ISBN 978-7-301-24305-3/F·3952
出 版 发 行:	北京大学出版社
地　　　　址:	北京市海淀区成府路 205 号　100871
网　　　　址:	http://www.pup.cn
新 浪 微 博:	@北京大学出版社
电 子 信 箱:	sdyy_2005@126.com
电　　　　话:	邮购部 62752015　发行部 62750672　编辑部 021-62071997
	出版部 62754962
印　刷　者:	北京大学印刷厂
经　销　者:	新华书店
	965 毫米×1300 毫米　16 开本　13.75 印张　166 千字
	2014 年 6 月第 1 版　2014 年 6 月第 1 次印刷
定　　　　价:	39.00 元

未经许可,不得以任何方式复制或抄袭本书之部分或全部内容。
版权所有,侵权必究
举报电话:010-62752024　电子信箱:fd@pup.pku.edu.cn

目 录

第1章　引言 ………………………………………………………… 1

　1.1　研究问题 …………………………………………………… 1
　1.2　研究框架 …………………………………………………… 5
　1.3　研究方法 …………………………………………………… 9
　1.4　可能的创新 ………………………………………………… 12

第2章　理论基础与文献综述 ……………………………………… 15

　2.1　理论基础 …………………………………………………… 15
　2.2　可转债的治理功能 ………………………………………… 28
　2.3　可转债发行后的经济后果 ………………………………… 34

第3章　可转债与无效投资 ………………………………………… 38

　3.1　理论分析与研究假设 ……………………………………… 40
　3.2　研究设计 …………………………………………………… 47
　3.3　可转债对无效投资的双向治理作用 ……………………… 53

3.4 本章小结 ………………………………………………… 65

第 4 章 可转债与特别向下修正 ………………………………… 68
4.1 理论分析与研究设计 ……………………………………… 70
4.2 向下修正行为的动机检验 ………………………………… 81
4.3 向下修正行为的经济后果 ………………………………… 89
4.4 本章小结 ………………………………………………… 95

第 5 章 可转债与资产替代 …………………………………… 98
5.1 理论分析和研究设计 ……………………………………… 100
5.2 可转债对资产替代行为的制约作用 ……………………… 107
5.3 可转债特性与资产替代行为 ……………………………… 113
5.4 本章小结 ………………………………………………… 119

第 6 章 可转债与经理层激励 ………………………………… 121
6.1 理论分析与研究设计 ……………………………………… 122
6.2 可转债与经理层激励制度的关系 ………………………… 127
6.3 可转债特性、融资约束与经理层激励 …………………… 131
6.4 本章小结 ………………………………………………… 138

第 7 章 可转债与大股东掠夺 ………………………………… 140
7.1 理论分析与研究设计 ……………………………………… 141
7.2 负债与大股东的掠夺行为 ………………………………… 148
7.3 可转债对大股东掠夺行为的制约作用 …………………… 151
7.4 硬约束与可转债的治理功能 ……………………………… 158
7.5 本章小结 ………………………………………………… 159

第 8 章 发行可转债的经济后果 …………………… 161

8.1 理论分析与研究设计 ………………………… 162
8.2 盈余管理与可转债发行后绩效 ……………… 170
8.3 可转债融资成败公司的绩效比较 …………… 175
8.4 公司治理与可转债发行后绩效 ……………… 178
8.5 本章小结 ……………………………………… 182

第 9 章 全书总结 …………………………………… 184

9.1 研究结论 ……………………………………… 184
9.2 政策含义 ……………………………………… 188
9.3 未来研究方向 ………………………………… 189

参考文献 ………………………………………………… 190

后记 ……………………………………………………… 208

续后记 …………………………………………………… 213

第1章 引 言

1.1 研究问题

　　1991年8月,琼能源在深圳发行了中国的第一只可转换债券。这只3 000万元的可转债于1993年6月上市交易并最终转股成功。至今,我国可转债市场的发展已历时二十年。经历了1991—1997年萌芽阶段和1997—2000年初步规范阶段的发展之后,直到2000年底,我国可转债市场的发行规模仍然仅为52亿,发行数量仅6只。但是,从2000年开始,我国可转债市场发展迅速。截至2010年,我国已累计发行可转换债券81只,累计融资金额达到1 791.69亿元。表1-1描述了2000—2010年我国上市公司各种再融资方式下的年度融资规模和融资家数。明显的,从融资规模的角度来看,可转换债券已经成为我国上市公司再融资的重要方式之一。

表 1-1　再融资统计表　　　　　　（金额单位：亿元）

		2000	2001	2002	2003	2004	2005	2006	2007	2008	2009	2010
可转债	金额	29		42	182	213		44	85	77	47	717
	家数	6		16	14	11		7	7	5	6	8
公开增发	金额	250	129	185	85	68	10	100	664	507	254	368
	家数	27	15	30	14	11	2	6	30	28	14	10
配股	金额	497	419	55	73	101	2	4	226	148	104	1 429
	家数	161	126	22	25	23	2	2	7	9	10	18
公司债	金额								112	354	534	443
	家数								5	17	42	21

然而，尽管我国的可转债市场近年来取得了一定的发展，但无论从可转债市场的数量还是存量的角度来看，与发达国家甚至亚洲地区的其他国家和地区相比都仍然存在着较大的差距。表 1-2 提供了我国内地可转债市场与美国、日本、香港地区、韩国以及印度可转债市场存量的比较。从表 1-2 可知，就可转债的数量而言，截至 2010 年 8 月 31 日，我国内地市场上可供交易的可转债仅剩 11 只，而美国却有 2 124 只，即使印度，也有 186 只。同时，从表 1-2 还可以看到，相对于其他国家和地区而言，我国可转债的市场存量占股票市值的比例也非常低。例如，美国的可转债市场存量占股票市值的比重为 1.79%，日本的这个指标是 1.33%，而我国内地的这个指标却只有 0.02%。这既表明可转换债券在我国资本市场的地位还有待进一步加强，也意味着可转换债券在我国资本市场中还有很大的发展空间。

表 1-2　可转债市场的比较

国家/地区	转债只数	转债市场存量（百万美元）	股市市值（百万美元）	占股票市值的比例
美国	2 124	275 337.58	15 414 740.00	1.79%
日本	158	51 938.29	3 909 384.00	1.33%
香港地区	27	1 888.33	2 529 144.00	0.07%
韩国	292	3 383.59	1 044 254.00	0.32%
印度	186	1 087.16	1 571 741.00	0.07%
中国	11	772.24	3 451 266.82	0.02%

数据来自对 Bloomberg 资讯所提供信息的手工整理，数据截止日为 2010 年 8 月 31 日。

建立一个多层次多品种的资本市场是一国经济和金融发展的必然要求。随着股权分置改革的基本完成,我国股票市场的各项建设日趋规范,逐渐进入到平稳发展的阶段。在这样的情况下,解决金融市场的结构失衡问题开始被纳入到我国资本市场战略发展的议事日程。在中国证监会公开发布的《中国资本市场发展的战略措施(2008—2020)》中,推动债券市场的市场化改革,加快债券市场的发展,已经成为了未来中国资本市场发展的重要战略目标。中共中央所提出的"十二五"规划建议中也明确指出,"十二五"期间应积极发展债券市场。[①] 受此鼓舞,仅自2010年1月1日至2011年2月28日,我国便新增发行可转债274.2亿元,并且还另有260亿元的发行预案已经通过了股东大会的表决。

作为公司一项重大的融资行为,可转债的发行对股东、债权人以及经理层的切身利益都会产生非常重要的影响。因此,可转债的发行势必会改变公司委托代理链条上各利益相关人随后的目标函数和行为模式,并进而改变公司的财务行为。在这样的情况下,理解可转债对于公司代理冲突的影响及其作用路径,对于可转债发行实践、监管机构监督、保护中小投资者以及稳定资本市场的正常秩序,都有着非常重要的意义。

遗憾的是,与业界对可转债市场的热情不同,理论界对于中国资本市场中可转债的基础研究却还十分匮乏。由于我国可债券市场的发展时间较晚,大样本的统计研究在一定程度上受到数据和样本规模的限制,因此,我国现有的可转债研究还主要局限在对于可转债的发行动机、定价以及公告效应等方面的讨论(刘娥平,2005;赖其男等,2005;屈文洲等,2009;张永力等,2010),鲜有学者关注在中国特殊的

---

① 详细内容可参见《中共中央关于制定国民经济和社会发展第十二个五年规划的建议》。

制度背景下,可转债对于发行公司代理冲突的影响。①

事实上,尽管基于发达资本市场背景下的理论模型和经验证据大多表明,可转债因兼具债券和股票的特性而具有良好的治理效应,其不仅能够缓解股东与债权人之间的代理问题(Green,1984;Mayers,1998;Lewis等,2001),而且也能够降低股东与经理人之间的代理冲突(Isagawa,2000;Oritz,2007)。但是,与西方可转债市场中发行公司大多具备规模小、资产负债率和成长性高的特征完全不同的是,我国证券监管部门要求可转债的单只发行规模不少于1亿元,并且,发行后公司的资产负债率不得高于70%。② 这就将小规模、高负债的公司排除在可转债市场之外。所以,我国可转债的发行公司大多具备规模大、资产负债率和成长性低的特点。显然,完全不同类型的发行公司很可能会与可转换债券各项特性的设计初衷相悖离,从而产生南橘北枳的结果。

也许更重要的是,作为全球最大的转型经济体和新兴市场经济国家,我国的制度背景有着自身完全不同于西方发达国家的鲜明特色。在政府广泛干预微观经济体、银行系统普遍存在预算软约束、上市公司股权高度集中、经理人和并购市场均不发达、"花瓶董事"盛行、管理层激励计划不完善的中国资本市场,大部分的再融资甚至被认为只是一场"圈钱"的游戏(李志文等,2003)。在这样的背景下,当产生并发展于西方发达国家的可转换债券被移植到中国资本市场中时,其理论

---

① 有两篇文献涉及对我国资本市场中可转债发行对代理冲突影响的讨论。其中,徐细雄等(2007)构建了一个可转债视角的高管人员激励模型,并认为通过向管理者授予一定数量经过特殊设计的可转换债券能够有效防范管理者投资决策过程中的机会主义行为。但他们的上述推断无法通过实证检验来证明。张高擎等(2009)的研究以股权分置改革为背景,通过对华菱管线的案例分析,认为机构投资者以其持有的可转债为筹码,诱使大股东合谋。这无疑是一个很有趣的故事。但是,由于股权分置改革时地方政府的强势参与(Firth等,2010)以及案例研究本身的局限,他们的研究结论在时间和空间两个维度的可推广性都是值得商榷的。

② 根据国务院2007年3月1日发布的《可转换公司债券管理暂行办法》整理而来。

上优良的治理功能是否还能够得到有效的发挥？哪些治理功能仍然可以得到有效的发挥？如何得到有效的发挥？哪些治理功能又在中国资本市场中失效？为何失效？所有这些问题，我们都知之甚少，也都随着债券市场发展的迫切需求，成为亟待解决的实证命题。我们试图回答这些问题。

1.2 研究框架

基于西方已有文献发现可转债的治理功能主要表现在缓解代理问题上(Green,1984；Mayers,1998；Lewis 等,2001；Isagawa,2000；Oritz,2007)，故我们也从代理理论视角对其进行讨论。

代理问题无处不在，而在财务领域，最常见的代理问题是股东与经理层以及股东与债权人之间的代理问题(Jensen 等,1976)。鉴于我国高度集中的股权结构以及国有公司的剥离上市途径这种特殊制度背景，大小股东之间的冲突也比较严重。我们试图以这三类代理问题为切入点对可转债的治理功能进行研究。

基于代理问题产生的根源在于代理人与委托人目标函数的不一致性，对代理问题的制约则主要通过激励和监督两种途径，使二者的目标函数趋近。所谓激励系通过利益共享的方式使代理冲突的双方目标函数趋近，从而减少代理成本。比如，通过与债权人共享融资资金带来的未来收益以减少股东与债权人之间的代理问题；或者通过将经理层的报酬与公司价值挂钩，使经理层分享公司发展的收益，从而减少股东与经理层之间的代理问题。而监督则是通过各种制度设计制约代理人的自利行为，使其按委托人的目标函数行动，以减少代理冲突。因我们重点关注可转债发行对代理问题的制约效应，故我们分别从缓解三类代理问题的监督和激励方式对可转债的治理功能进行探讨。

可转债的设计初衷是减少股东与债权人之间的代理冲突,在西方已有的研究中也获得了理论上的证明(Green,1984;Mayers,1998),因此,我们首先验证可转债是否能降低股东与债权人之间的代理成本。鉴于资金的所有权归属于债权人,而资金的使用权则归属于股东,两权分离导致代理问题的存在。由于负债资金要求还本付息,而利息的存在将减少项目未来收益,股东将放弃部分 NPV>0 的项目,即所谓的投资不足(Myers 等,1977)。而另一方面,由于股东比债权人更偏好风险,倾向于将负债资金投资于风险更大的项目,即资产替代行为,当风险足够大,从而使投资项目的 NPV<0 时,我们则称之为过度投资行为。

缓解股东与债权人代理问题的途径分为激励机制和监督机制。激励机制则又按对象不同分为对大股东的激励和对债权人的激励。可转债对大股东的激励表现在缓解投资不足上。鉴于股东更偏好将融资资金留在公司,并且可理性预期将可转债融资资金投资在 NPV>0 的项目时,可转债持有人将转股,故可转债发行后将激励股东将更多的资金投资于 NPV>0 的项目,从而缓解投资不足。可转债对债权人的激励则表现为可转债转股机制失效时的修正行为。可转债通过与债权人分享项目未来收益,激励债权人转股,从而降低股东与债权人之间的代理成本。但是,当外部环境发生变化使可转债的转股价格持续高于标的股票价格时,可转债持有人将拒绝转股,可转债的转股机制失效。此时,有必要实施转股价格的特别向下修正,恢复对债权人的激励,缓解股东与债权人之间的代理问题。因此,可转债激励机制通过缓解投资不足(激励大股东)和向下修正转股价格(激励债权人)而减少股东与债权人之间的代理问题。

监督机制则主要表现在对资产替代行为以及过度投资行为的制

约上。由于可转债与债权人分享未来的收益,将降低股东价值对风险的敏感系数,即单位风险带来股东价值增加的减少,从而制约资产替代行为。同时,大股东可以合理预期当其投资于 NPV < 0 的项目时,可转债持有人将拒绝转股,可转债在整个存续期中等同于一般债券。此时,可转债所具有的一般债券的还本付息压力和破产威胁特征,将制约大股东投资于 NPV < 0 的项目,从而缓解股东与债权人之间的代理问题。

通过以上分析,我们可知,可转债通过激励和监督机制减少股东与债权人的代理问题,而激励机制又分别表现在缓解投资不足和向下修正转股价格上,监督机制表现在制约过度投资和资产替代行为两个方面,故我们分别从可转债对投资不足的改善、向下修正行为的真实动机、可转债对过度投资行为的制约以及可转债制约资产替代行为中的作用四个方面讨论可转债对股东与债权人代理问题的治理效应。

经理层与股东的代理冲突主要表现为无效投资,即投资不足和过度投资。鉴于经理层较股东更偏好自由现金流量(Jensen,1986),经理层可以合理预期其投资于 NPV > 0 的项目时,可转债持有人将实施转股策略,从而将融资资金变为股本留在公司。因此,发行可转债将激励经理层投资于 NPV > 0 的项目,缓解经理层与股东的代理冲突所导致的投资不足问题。同时,经理层薪酬激励是缓解经理层与股东代理冲突的激励机制之一。基于可转债的可转化性和股东对自由现金流的偏好,股东可以通过更多地让利于债权人或者加强对经理层的激励两种途径将融资资金转化为自由资金。具体而言,一方面,股东可以选择发行股性更强的可转债,更多地让利于债权人,从而促使其转股;另一方面,股东也可以对经理层采用更有效的激励政策,使其更努力地工作并提高公司的绩效,进而实现转股。但是,选择发行股性更强的可转债,不仅增大了股权稀释度,而且也减少了老股东对未来收益的享有权,成本相对较大,故股东更有可能选择对经理层采用更有效的激励政策以使可转债持有人转股。此时,可转债增强了薪酬激励机制的作用,进一步缓解了经理层与股东的代理问题。同时,发行可转债后,公司的资产负债率增大,经理层也可以合理预期当其投资于 NPV < 0 的项目,转股将失败,在整个存续期内公司的资产负债率都处于较高的水平,从而制约具有堑壕动机的经理层的过度投资行为。因此,我们分别从激励机制(缓解投资不足和提高薪酬敏感度)和监督机制(制约过度投资)两个方面检验可转债对经理层与股东的代理问题的治理效应。

鉴于我国普遍存在的大小股东之间的代理问题,而可转债的持有人在转股以后多数为中小股东,其进行转股决策时必然要考虑大股东对小股东的掏空程度。同时,鉴于可转债的硬约束和大股东更偏好现金流,发行可转债后,理性的大股东将减少掏空行为。因此,可转债对大小股东代理问题的制约作用主要通过其监督机制实现。

由于股东与债权人以及股东与经理层之间的代理问题都会导致无效投资,即投资不足与过度投资,并且可转债样本较小,很难进一步区分可转债对两种代理问题引致的无效投资在治理效应上的差异,故我们将这两种代理问题导致的无效投资合并讨论。在首先讨论了可转债对无效投资的治理作用后,我们依次检验了除无效投资外的、可转债对三类代理问题的治理效应。最后,我们从综合的角度检验了可转债对三类代理问题的治理效应,即发行可转债的经济后果,进一步验证可转债的资源配置效率。具体的研究框架见图1-1:

图 1-1 研究框架图

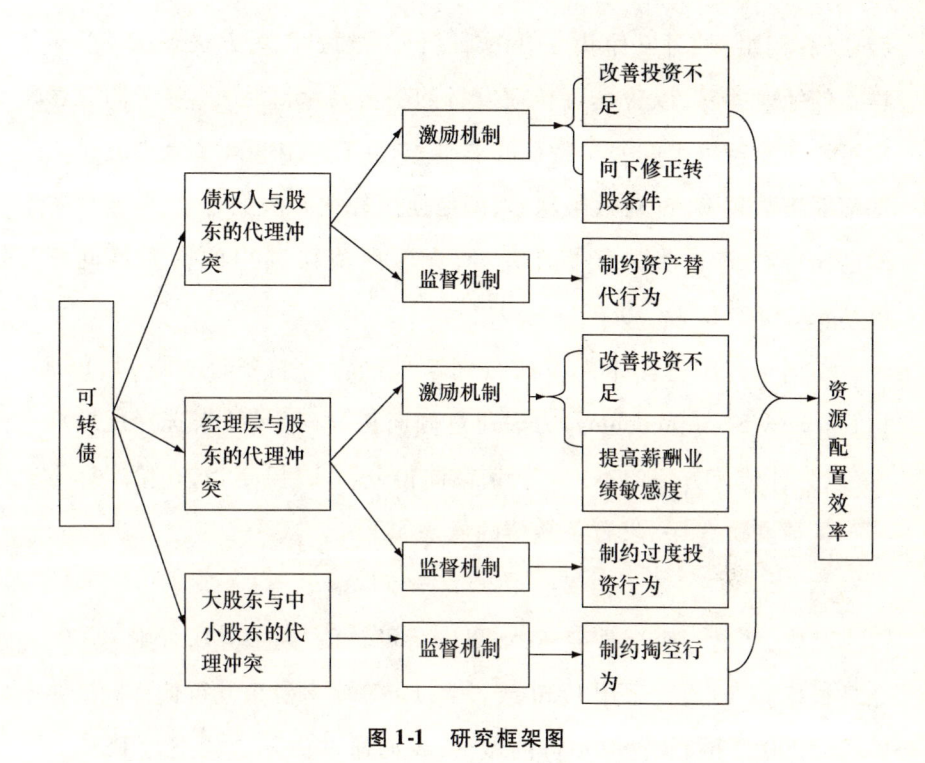

本书余下部分的安排:第二部分介绍理论基础和文献综述;第三部分主要讨论可转债对无效投资的制约作用;第四部分检验向下修正是否达到了激励债权人的效应;第五部分主要验证可转债对资产替代行为的治理效应;第六部分探讨可转债对经理层激励的影响;第七部分主要关注可转债是否具有硬约束效应,即是否能制约国有大股东的掏空行为;第八部分进一步验证了可转债融资的经济后果;第九部分是本书的结论。

1.3 研究方法

1.3.1 PSM 方法

公司不可能在同一时点上处于发行可转债(实验组)和未发行可

转债(控制组)两种互斥状态中,实证研究常通过配对方法来比较两组样本的绩效差异,以验证可转债发行的经济后果。然而,鉴于同时影响可转债发行决策的公司特征并非唯一,并且存在配对维数"诅咒",即配对维数越多,配对效果越差,即使使用传统方法配对后,两组样本的公司特征仍然存在显著性差异,无法解决研究中的内生性问题(Cheng,2003;Li 等,2006)。

不同于传统方法下对发行公司事前的会计特征逐一配对,PSM(Propensity Score Matching)方法通过倾向得分(PS 值)来选择配对样本,以弥补传统方法的不足。所谓倾向得分(PS 值)是指,在给定样本公司特征变量 X 下,发行可转债的概率如下:

$$p(X) = \Pr[D = 1 \mid X] \tag{1-1}$$

其中,D 是一个事件变量,如果发行可转债,则 $D=1$,否则 $D=0$。条件概率 $p(X)$ 通常采用 Logit 或者 Probit 等概率模型进行估计。借鉴 Cheng(2003)和 Li 等(2006)的做法,我们通过如下步骤进行 PSM 方法的配对:

1. 选择公司特征变量,即 X,并运用混合截面数据,通过如下 Logit 模型估计公司特征变量 X 的参数值 β_i。

$$p(X) = \Pr[D = 1 \mid X_i] = \frac{\exp(\beta_i X_i)}{1 + \exp(\beta_i X_i)} \tag{1-2}$$

用于估计倾向得分(即 PS 值)的特征变量 X 不仅影响发行可转债后的代理冲突(或者绩效),同时也是可转债发行决策的重要影响因素。只有考虑并控制了这些因素的影响,才能够降低样本自选择对研究结论的影响。

2. 计算 PS 值。在获得上述模型(1-2)中公司特征变量 X 的参数值 β_i 后,根据每家公司的具体特征变量计算其发行可转债的概率值,即该公司的 PS 值。

3. 配对。对每一家发行可转债的公司,选择同年中没有发行可转债的公司中 PS 值最接近的 N 家作为配对样本。由于发行可转债的样本较小,为了能获得更加稳健的结论,我们采用一配二的方法进行配对,即选择同年中没有发行可转债的公司中 PS 值最接近发行公司 PS 值的两家公司作为配对公司。

4. 检验。检验公司各特征变量的均值在发行可转债公司和配对公司之间的差异,如果一个或者多个公司特征变量的均值在两组样本中存在差异,则需要返回步骤 1,重新调整 Logit 回归模型的函数形式,比如,加入特征变量 X 的二次项或者加入各变量之间的交互项(Li 等,2006),直至发行可转债的公司和配对样本之间的公司特征变量不存在显著性差异。

1.3.2 可转债融资失败公司为配对样本

为了克服传统配对的缺陷,使配对后关键变量在两组公司之间不存在显著性差异(Li 等,2006),可以使用 PSM 配对方法。但是,其前置条件要求再融资对所有公司的效用是无差别的这一非客观事实,并且配对公司的发行倾向是采用模拟的方法获得与实际发行倾向之间存在差异,故仍无法完全解决再融资中的自选择问题,研究结论仍可能存在偏误。

有别于西方的注册制,我国资本市场中的核准制对上市公司可转债融资的程序提出了特殊要求。核准制要求,上市公司即使达到可转债融资的条件,其可转债融资主要条款仍不仅需要通过股东大会表决,还须由证监会审核批准后才能再融资。然而,在公司可转债融资主要条款已通过股东大会批准,等待证监会审核时,发行公司可能由于各种外生原因,比如,国家融资政策发生变化、审批时间过长等取消再融资计划。我国的核准制以一种外生力量将达到可转债融资条件的拟再融资公司分成再融资成功的公司和失败的公司两组样本。鉴于这两组样本公司在融资方式的选择及再融资意愿上不存在显著性差异,可以避免再融资中的自选择问题,这为我们的研究提供了天然的实验场所。

在后面章节的实证研究中,由于可转债发行成功与否对投资水平、资产替代行为和大股东的掏空行为具有显著影响,我们在研究可转债对这些行为的制约效应时仍使用 PSM 方法以减轻自选择问题的影响。同时,鉴于可转债融资成功与否在短期内对发行公司经理层的薪酬契约影响较小,我们在研究可转债对经理层激励效应的影响时采用发行失败的公司作为可转债发行成功公司的配对样本。

1.4 可能的创新

我们的创新之处主要体现在以下几个方面:

首先,从研究问题来看,我国现有关于可转债的研究还主要集中在可转债的发行动机、定价以及公告效应等方面(刘娥平,2005;赖其男等,2005;屈文洲等,2009;张永力等,2010),鲜有研究以代理冲突为基本出发点,对可转换债券在我国特殊制度背景下的治理效应进行系统的考察。我们在一个统一的理论基础和逻辑框架下,对可转债对于股东与债权人、股东与经理层以及中小股东之间代理冲突的治理功能以及作用路径展开了详尽的理论分析和实证检验,并进一步从可转债发行经济后果的角度对其治理效应进行了讨论。因此,我们在一定程度上弥补了已有文献对中国资本市场中可转换债券治理功能研究的不足。

其次,从研究方法来看,我们交替或联合选用了多种方法以缓解实证检验中的自选择问题。由于公司财务决策通常都是决策者根据自身偏好深思熟虑后的产物,因而,如果不对其中的自选择问题进行控制,所得到的研究结论很可能会是有偏的,甚至是错误的(Li 等,2007)。融资是尤其典型的自选择型公司财务决策。鉴于此,我们主要采用 PSM 配对的方法对其加以控制,从而得到更稳健的研究结论。并且,鉴于任何统计层面的处理方法都有其不可克服的局限,我们也考虑通过自然实验来缓解自选择问题。利用中国证券发行监管的核准制背景,我们通过选取宣告但未发行成功的公司作为配对样本,从而构建自然实验的方法,实现了对 PSM 配对的有益补充。

最后,从文献贡献来看,我们的研究对多支文献流有边际贡献。第一,我们的研究首先与关于可转换债券的一系列研究有关(Green,1984;Lewis 等,1998;Lewis 等,1999;Gomez 等,2005;Krishnaswami 等,2008)。一方面,与已有研究大多从可转换债券发行动机以及发行公司特征等角度间接讨论其治理功能不同的是,我们从时间序列和混合截面两个角度直接对此进行考察,从而为理解可转换债券的治理功能增添了新的知识。另一方面,与已有基于发达经济国家资本市场的研究不同的是,我们的研究以中国资本市场为背景展开,因而,也为理解可转换债券的治理功能增添了来自转型经济体的证据。第二,我们的研究与关于中国上市公司代理冲突制约机制的一系列研究有关(姜国华等,2006;陈仕华等,2010)。以往的研究主要考虑公司内外部治理如股权结构、董事会、法律制度等方面对中国上市公司代理冲突的制约作用,而通过提供可转换债券治理功能的证据,我们为缓解中国上市公司代理冲突提供了新的治理工具和手段。第三,我们的研究与提高中国上市公司投资效率的一系列研究有关(童盼等,2005;魏明海等,2007)。区别于已有研究,我们从动态而非静态,时间序列而非横截面的角度考察可转债对公司无效投资行为的双向治理,从而更全面地观测到具体的治理机制与公司投资效率改善之间的关系。第四,我们的研究与关注契约持续优化的一系列研究有关(Chen 等,2004;Callaghan,2004)。我们基于可转债的向下修正行为的研究有助于丰富对于新兴经济实体中外部环境变化与契约动态优化之间关系的认识。第五,我们的研究与考察公司各种治理机制之间关系的一系列研究有关(Coles等,2008;Ferreira等,2011)。通过考察可转债与薪酬激励之间的关系,我们为我国上市公司中各种治理机制之间的选择和搭配提供了部分线索。第六,我们的研究与讨论我国上市公司中债务治理功能的一系列研究有关(田利辉,2005;Chen等,2010)。与以往研究将负债作为一个整体展开讨论不同的是,我们将负债区别为直接债和间接债,并进而讨论二者在约束公司大股东行为方面的显著差别,也为该领域的相关研究提供了新的视角。第七,我们的研究为中国资本市场中的再融资之谜提供了可能的解释(李志文等,2003)。我们发现,与时下流行的"圈钱"解释的预期不同,可转债融资成功公司绩效显著优于融资失败公司,这意味着可转债融资决策更多地与公司真实融资需求相关。这也为Chementi(2002)以及Spiegel等(2008)的研究提供了来自转型经济体的经验支持。

第 2 章　理论基础与文献综述

2.1　理论基础

2.1.1　代理冲突

所有权与经营权的分离导致了股东与经理层的代理问题,融资资金使用权与所有权的分离引致了股东与债权人之间的代理问题,而在存在控股股东的公司中,公司小股东自有资金的所有权与使用权的分离,导致了大股东与中小股东之间的代理问题。

1. 股东与债权人之间的代理冲突

Jensen 等(1976)提出了股东与债权人之间的代理问题。鉴于企业可以被视为看涨期权,这种期权的价值将随着风险的增加而增加,因此股东比债权人更偏好风险。当企业举债后,鉴于负债的固定收益性质和股东享有剩余收益索取权,股东有强烈的动机投资于高风险项目。如果项目成功,股东将获得超过还本付息后的全部剩余收益,而债权人仅享有债务契约约定的固定收益;如果项目失败,债权人将承担项目高风险所导致的无法收回本息的损失,而股东只承担有限责任。因此股东偏好投资于高风险项目,并以债权风险的上升为代价使债权人财富转移至股东。

Myers(1977)提出另外一种股东与债权人之间的代理问题,即投资不足。他认为,鉴于股东只拥有剩余索取权,只能得到扣除债权人收益后的剩余收益,公司资产负债率越高,债权人收益越大,留给股东的剩余收益越小,股东将放弃对部分 NPV>0 的项目进行投资,从而造成投资不足。

Gavish 等(1983)从将有负债的公司看成是股东持有该公司的看涨期权入手,通过理论模型推导,他们发现,资产替代行为与负债比率呈正比,即负债比率越高的公司资产替代行为越严重。

Prowse(1990)则比较资产替代行为在美国和日本上市公司之间的差异,并进一步探讨了其原因。他发现,在美国上市公司中,风险性投资与公司的负债比率显著负相关,但在日本公司中这种相关关系则不显著。他认为两国在资产替代行为上的差异是由其金融法规不同所致。具体而言,美国法律规定,金融机构禁止持有上市公司股票。故美国上市公司无法发挥金融机构作为大债权人的治理作用,只能通过降低负债率来降低资产替代行为。但是,在日本,金融机构一般都持有上市公司的股票,即其是上市公司的大股东同时也是大债权人,它们则可以通过监督机制缓解资产替代行为。

Bagnani 等(1994)从经理层与股东的代理冲突角度分析了其对资产替代行为的影响。他们认为,在管理者的持股比例较低的前提下,即管理者持股比例为 5%—25% 时,随着持股比例的增加,股东与经理层之间的代理问题变小,利益趋于一致,资产替代行为也相应增加。但是,当管理者的持股比例增加到一定程度时,即管理者持股比例增加到 25% 以上,管理者出于降低自身财富风险原因而规避风险,资产替代的动机反而会减少。

Esty(1997)以美国互助储金行业为背景考察了公司的资产替代行为。股票型互助储金不同于基金型互助储金,其通过负债对剩余索取权和固定索取权进行了分离。他们发现,与基金型互助储金相比,股票型互助储金存在更加严重的资产替代行为。

但是,鉴于我国国有企业的主导地位以及与国有银行之间的特殊关系这一国情,资产替代行为在我国企业中是否存在呢?已有研究表明(江伟,2004;童盼等,2005),我国上市公司中仍存在较为严重的资产替代问题。江伟(2004)以沪深两市747家上市公司为样本,对负债比率与公司价值之间的关系进行了研究。他发现,在高成长的公司中,负债没有引起上市公司投资不足的问题,却反而导致严重的资产替代问题;而对低成长的公司而言,负债既没有引起公司的资产替代问题,但也没有发挥出应有的控制效应。童盼等(2005)考察负债融资对企业投资行为的影响,他们发现,负债能制约公司的投资行为,但两者之间的关系受新增投资项目风险与企业风险的影响,即低项目风险企业与高项目风险企业相比,投资额随负债比例上升而下降得更快。江伟等(2005)发现,相对非生产经营性单位控制的上市公司而言,资产替代行为在生产经营性单位控制的上市公司中更为严重。大股东持股比例与资产替代行为的关系表现为先升后降然后再上升的 N 型的非线性关系,但是投资机会对大股东的资产替代行为有减弱作用。

2. 股东与经理层的代理冲突

基于美国公司分散的所有权特征,Berle 等(1932)的开创性研究提出了现代公司所有权与控制权高度分离的命题。在缺乏大股东控制的情形下,基于自利动机的管理者可能会采取一些机会主义行为,背离公司价值最大化目标,例如自定薪酬、追求在职消费、建造帝国大厦以及进行无效投资等。从委托代理视角,Jensen 等(1976)考察了管理层与公司股东之间的利益冲突。他们认为,基于经济人假定,无论是作为委托人的公司股东还是作为代理人的管理者,双方都将最大化自身效用,而两者目标函数的不一致,必将导致二者之间的代理冲突。

为了降低代理成本,股东和经理层通常采用监督和绑定机制。股东通过各种监督机制(比如,派驻董事等)限制管理者的机会主义行为,从而形成监督成本;而管理者则通过绑定机制(比如,自愿使用负债融资等)来保证自己不会采取损害股东利益的行为,即担保成本。然而,这两种行为都只能降低而不能消除两者之间的代理成本,公司价值仍然会遭受一定的损失,即剩余损失。此后,监督和激励管理者使之与股东目标函数一致成为公司治理的热点话题。

管理层与股东代理问题主要体现在过度追求增长、堑壕并建立帝国大厦等方面。Marris(1964)指出,经理层将公司规模扩张视为其管理能力的体现,并要求得到回报。在管理层的管理能力信息上,董事会处于劣势,其也只能通过公司规模是否获得增长等信息进行判断。但是,管理层通过增加公司规模或进行多元化经营能从不同方面满足其私利。比如,已有文献(Murphy,1985;Jensen 等,1990;Bebchuk 等,2007)发现,管理层薪酬通常随着公司的销售增长、公司规模的增长而增长,同时也与多元化经营情况成正比。无论是销售增长、公司规模增长还是多元化经营都将扩大公司规模,从而带来管理层薪酬的增加。

Shleifer 等(1989)认为,公司管理层具有堑壕动机,即其会对具有专长的行业进行过度专有投资。当公司董事会在替换他们时,由于接任者管理这些资产的能力弱于现任的管理者,公司必然要付出高昂的替换成本,被替换的概率减少。管理者因这种堑壕效应而拥有更高的议价能力,可以获得相对而言更高的薪酬和决策方面更多的自主权。

Shin 等(2002)发现,公司第四季度的资本投资显著更高,在规模较大、现金持有量较大和多元化经营的公司表现更甚。同时,这些投资与投资机会之间的敏感性并不高,这表明在公司的投资决策中股东与经理层之间的代理冲突较大。

在验证了经理层与股东代理冲突的存在性以后,学者们开始分析经理层自利行为的途径,自由现金流假说便是主流解释之一。Jensen(1986)认为,管理者具有追求规模增长的动机,即使在没有好的投资机会时,也更偏好过度拥有自由现金流,以便进行投资,甚至投资于 NPV<0 的项目。因此,公司的自由现金流越多,过度投资问题则越严重。因负债的还本付息和派发现金股利都能减少管理者手中的自由现金流,从而成为制约过度投资行为的有效手段。

自 1986 年 Jensen 提出自由现金流假说以来,学者们对其进行了大量的检验。Lang 等(1989)从股利发放的角度验证了经理层的自利行为,他们使用 1979—1984 年宣告支付股利的 429 家公司的数据证实了 Jensen(1986)所提出的自由现金流假说。他们通过托宾 Q 值来判断公司的无效投资倾向,当托宾 Q 值小于 1,表明市场对公司现有的投资项目评价较低,那么这个公司很有可能存在过度投资倾向。根据 Jensen(1986)自由现金流假说,现金股利的发放能减少经理层的过度投资。他们发现,在托宾 Q 值小于 1 的组别中,投资者对股利发放给予了正面的市场反应,为自由现金流假说提供了证据支持。同时,Strong 等(1990)也发现,剩余现金流显著影响投资,剩余现金流越多,投资也越大。但是,股票市场会对这类投资予以惩罚,并作出负面评价。Vogt(1994)则发现,自由现金流理论能解释规模较大、股利支付水平较低的公司所进行的有效资产投资行为。选取突然获得了一大笔现金的公司作为研究样本,Blanchard 等(1994)和 Opler 等(1999)发现,在没有好的投资机会(使用托宾 Q 值来衡量)的情况下,公司的管理者并没有将这些意外所得以现金股利或者其他方式返还给投资者,而是将其用于投资和扩张,比如资本支出和并购。Richardson(2006)在借鉴已有文献对投资影响因素的基础上,使用会计报表数据,估计了公司正常的投资水平后,进一步度量了公司的过度投资程度,并发现自由现金流水平高的公司确实存在严重的过度投资问题。

除了进行无效投资以外,并购也是管理者建造帝国大厦的主要手段之一,因此大量研究以并购活动为切入点,从市场反应的角度,研究了并购活动中的管理者的机会主义行为。

Lang 等(1991)发现,在没有较好投资机会(用托宾 Q 值来度量)时,公司宣告并购的市场反应显著为负数,并且股票市场负向反应的程度与收购公司的现金流呈正相关。即收购方现金流越多,市场反应为负的程度越严重。Harford(1999)则发现,现金流较多的公司进行并购的可能性更大,甚至进行多元化并购,而这些并购活动严重损害了公司的价值。Lang 等(1991)和 Harford(1999)的发现都支持了 Jensen(1986)的现金流假说。基于经济人假说,当并购给管理者带来的个人利益越多,比如,分散其人力资本风险或者具有堑壕效应时,管理层因其自利动机进行并购活动的可能性会越大。但是,基于有效市场假说,市场也会看穿他们的这种自利行为,并给予一定的惩罚。Morck 等(1990)发现,当管理者进行与公司业务并不相关的多元化经营并购时,负面的市场反应更为严重。以 1998—2001 为研究期间,Moeller 等(2005)发现,收购方在宣告收购后三天内,其股东损失了近 2 400 亿美元。Moeller 等(2005)认为,当收购方公司的股票被严重高估时,因并购活动导致的公司规模的扩张,能迎合市场对公司增长的预期。但是,当并购导致的高股价和高增长被投资者识破后,公司的股票价格便会出现大幅回落。

同时,反接管条款的设置反映了经理层的堑壕动机,即防止被接管。公司的反接管条款越多,公司越不可能被接管,控制权市场对公司管理层的监督越小,其建立帝国大厦的可能性更大。通过直接考察公司的反接管条款如何影响公司宣布收购时的股东财富效应,Masulis 等(2007)发现,拥有较少反接管条款的公司在宣告收购前后的累积异常报酬率显著高于拥有较多反接管条款的公司。这表明投资者认为设置较多反接管条款的公司更有可能进行基于管理层私利的并购行为。

可见,基于西方股权比较分散,经理层与股东之间的代理问题在西方普遍存在,并引起了学者们的兴趣。那么,在我国这样一个股权高度集中的国家中,经理层与股东之间的代理问题是否同样重要而有趣呢?

平新乔等(2003)使用"2002年国有企业改制调查"中的激励工资数据,通过最大似然估计模拟程序,对中国国有企业代理成本的规模进行了估算。他们发现,在现存的国有企业体制下,代理成本使企业效率损耗了60%—70%。可见,股东与经理层之间的代理冲突在我国也广泛存在。自此之后,股东与经理层之间的代理问题也引起我国学者的关注。已有研究主要考察了影响股东与经理层代理问题的因素,比如,产权性质、超额雇员等。

就产权性质而言,已有的研究发现国有性质的产权中股东与经理层的代理问题更严重。张兆国等(2005)发现,国家股比例和流通股比例与股权代理成本呈较显著正相关。采用管理费用率和资产周转率来刻画代理成本和代理效率,李寿喜(2007)选择政府管制较少、竞争较为充分的电子电器行业作为研究对象,讨论了产权性质对代理问题和代理效率的影响。他发现,代理成本在国有产权企业中最高,其次为混合产权企业,最小的为个人产权企业。代理成本差异与企业规模反向变化,即企业规模越大,不同产权的代理成本差异越小。随着市场竞争程度的提高,各类产权企业的代理成本都呈现下降趋势,其代理效率呈现提高趋势。在国有控股的公司中,曾庆生等(2006)发现,控股股东持股比例与公司权益代理成本呈正相关。并且,同其他国有控股公司相比,国资部门控股的上市公司的代理成本明显更高。

此外,陈冬华等(2005)从在职消费角度,而曾庆生(2007)从超额雇员的角度对代理问题的影响因素进行了研究。陈冬华等(2005)发现,影响我国在职消费的主要因素分别是企业规模、企业租金和绝对薪酬。在控制了其他的因素影响后,曾庆生(2007)则发现,与没有超额雇员的上市公司相比,拥有超额雇员的公司的代理成本明显更高。

3. 大股东与小股东之间的代理问题

我国弱的法律环境和"一股独大"的特殊背景致使我国大小股东之间的代理问题比较严重。自 Johnson 等(2000)把大股东侵占中小股东利益的行为定义为"掏空"(tunneling)后,近年来,我国学者主要从"掏空"的原因、形式和经济后果角度进行了细致的研究。

Johnson 等(2000)指出,在投资者保护较弱的国家,特别是在大陆法系国家,由于法律很难追究大股东的责任,"掏空"更可能发生。刘峰等(2007)以控制权转让为背景对三利化工掏空通化金马进行了案例分析,支持了 Johnson 等(2000)的观点。他们认为,由于我国资本市场上不存在约束、惩罚相关责任人,从而实现中小投资者保护的法律制度,因此"掏空"屡禁不止。

吕长江等(2006)以民营上市公司江苏阳光为例进行案例分析,通过对定期报告和临时公告的分析证实了最终控制人掏空行为的存在。并认为,加强对投资者保护的力度和强化上市公司的信息披露是制约最终控制人利益侵占行为的两个重要方面。

罗党论等(2007)从市场环境的角度对形成"掏空"的原因进行了研究,他们发现,政府干预越少,金融市场越发达,越不容易产生掏空行为。

李增泉等(2004)提供的证据表明,公司集团更可能通过日常交易占用上市公司的资金。刘峰等(2004)发现大股东在一定程度上存在通过向上市公司出售资产的关联交易方式进行利益输送的动机。郑国坚等(2007)发现,与大股东的产品购销交易不但增加了对上市公司的超额资金占用,而且还存在"高卖低买"的利润转移行为。柳建华等(2008)发现通过联合投资,大股东实现了对上市公司的利益输送与"掏空"。

Jian 等(2005)发现受公司集团控制的上市公司倾向于从事更多的关联交易,并且至少部分关联交易被市场认为是机会主义的行为,因此上市公司与控制股东之间的关联借贷与其市场价值呈负相关。

可见,对大股东的掏空行为,达成了基本一致的观点,认为主要通过关联交易实现,并且会严重损害上市公司的价值,损害中小股东的利益。

2.1.2 监督机制

1. 股东与经理代理问题的监督机制

从上面的综述可知,各种代理问题广泛地存在于公司的各种活动中,即只要存在两权分离和目标效用的不一致,委托人与代理人之间必然产生代理问题。但是,代理问题的存在将导致公司价值的损失,故有必要对其进行治理。而治理的机制主要分为监督和激励,监督主要通过制约代理人的行为而降低代理损失,而激励则主要通过相应的机制设计使两者的目标更趋于一致。

对代理问题监督机制的研究又主要集中于股权结构上,即股权集中度、股权制衡度的制约作用。同时,近年,学者们开始关注公司治理中相关监督机制之间的关系。

就股权集中度对代理问题的影响而言,虽然多数学者发现股权集中度能制约代理问题,但也有学者发现其不具有显著治理效应,甚至具有负效应,就此并没有达成一致的结论。宋力等(2005)和高雷等(2007)发现,股权集中度能显著减少代理成本,曾庆生(2007)也发现,股权集中度越高,公司的管理费用率越高。但是,张兆国等(2005)

却发现第一大股东持股比例与股权代理成本呈不显著负相关,即股权集中度不具有治理效应。肖作平等(2006)却发现,在一定程度上股权集中度会增加代理成本。

就股权制衡度对代理问题的制约作用而言,也没有达成一致的结论。宋力等(2005)和高雷等(2007)均发现,代理成本与股权制衡度显著正相关。肖作平等(2006)却发现少数大股东联盟能在一定程度上减少代理成本。

理论上而言,公司治理中的监督机制有助于制约经理层的自利行为,减少股东与经理层之间的代理成本。随着公司治理研究的深入,学者们开始探讨各种监督机制在治理股东与经理层代理问题上的交互作用,即互补还是替代作用。曾庆生等(2006)检验了大股东和董事会在治理公司经营者代理问题上的交互作用。他们发现,董事会独立性对公司权益代理成本几乎没有影响,与非国有控股公司相比,国有控股公司的代理成本明显更高。肖作平等(2006)则检验了各种公司治理机制与代理成本之间的关系。他们发现,董事会规模越大,代理成本也越大,而管理者持股、独立董事和负债都不能有效地控制代理成本。高雷等(2007)则侧重于检验治理环境对代理成本的影响。他们发现,政府干预与代理成本呈明显正相关关系,即政府干预越强,公司的代理成本越大。同时,他们还发现,市场化进程度和投资者的保护水平(法律角度)能有效地减少代理成本。同时,董事会规模和独立董事有利于减少代理成本,高管持股对代理成本无显著影响。姜付秀等(2009)以2003—2005年沪深两市上市公司数据为依据,验证了产品市场竞争、公司治理与代理成本之间的关系。他们采用企业数目和赫芬达尔—赫希曼指数两个指标度量产品市场竞争强度,而使用管理费用率和资产周转率来刻画代理成本。他们发现,产品市场竞争和合理的公司治理机制能够降低企业的代理成本,提高代理效率。具体而言,在制约代理成本方面,当产品市场竞争较小时,公司治理中的监督机制发挥作用。随着竞争的逐渐加剧,产品市场竞争与公司治理中的监督机制形成了替代关系;但是,当产品市场竞争到达最高水平时,二者对代理成本的治理效应又表现为互补关系。

罗炜等(2010)以 2001—2007 年我国上市公司为研究样本,通过分析"支付的其他与经营活动有关的现金"的相关信息,从信息披露的角度对股东与经理层之间的代理问题进行了研究。他们发现,基于管理者在我国面临的诉讼风险较小的特殊制度背景,当代理成本较高时,管理者会倾向于隐瞒信息或减少自愿披露的信息。

2. 大小股东代理问题的监督机制

"安然事件"以后,中小投资者(包括机构投资者)开始由消极的治理方式"用脚投票"开始转变为积极参与公司的治理,股东积极主义成为热点话题。对该类问题的研究主要从股东提案角度进行,从而形成了两种截然相反的观点:

一种观点认为:股东积极主义具有公司治理的作用,尤其在存在严重代理问题的公司中,这种效应更明显(Bebchuk,2005;Harris 等,2008;Liao 等,2008)。Bebchuk(2005)认为,机构投资者会参与公司治理,股东提案在减少代理问题方面发挥作用。Harris 等(2008)用模型证明,在代理问题恶化的情况下,最优的选择便是由积极股东接管公司。Ertimur 等(2008)发现,在存在堑壕经理层的公司,股东的提案更容易获得绝大多数通过。Liao 等(2008)则以中国股改为背景,选用机构投资者的持股比例为股东积极主义的代理变量,验证了股东积极主义在支付流动性对价中的作用,支持了股东积极主义的有用性。

另外一种观点却认为,股东积极主义中的机构投资者有自己的利益诉求,甚至会以牺牲公司价值最大化为前提(Prevost 等,2000;Bainbridge,2006)。Prevost 等(2000)认为,机构投资者在面对不利于自己的决策时,首先采用的是与经理层私下协商,提案只是最后的方式,因此不具有治理功能。Bainbridge(2006)认为,控制权争夺会分化董事会的决策权威,从而不利于公司价值的提高,应当被禁止。

可见,股东积极主义究竟是否具有治理作用,是否能有效制约大小股东之间的代理问题,其经济后果如何还有待进一步的研究。

2.1.3 激励机制

通常而言,缓解代理冲突的激励机制是指公司经理层的薪酬计划。作为代理问题中的直接一方,经理层的行为是代理冲突程度的重要决定因素。对此,最直接的纾解方式在于制定有效的薪酬激励制度。事实上,大部分关于管理层薪酬契约设计的讨论都是以代理理论为基础的(Murphy,1999)。而在最优契约理论的框架下,一个好的薪酬计划将尽可能地使得经理层的目标函数与股东的目标相一致(Mirrlees,1976;Holmstrom,1979;Grossman 等,1983)。也就是说,经理层薪酬激励的有效性取决于薪酬计划能够在多大程度上将经理层的目标同股东的利益联系起来。

其中,最常用的一个测度就是经理层薪酬相对于公司业绩表现的敏感程度(PPS)。以此为基础,大量实证研究考察了激励机制对于纾解代理冲突的有效性。Murphy(1999)以及 Core 等(2001)分别对来自美国的经验证据进行了总结。整体来看,尽管美国公司的 PPS 随时间而逐步增长,但是,经理层报酬与股东利益之间的联系却并不显著。例如,Jensen 等(1990)发现,当股东财富增加 1 000 美元时,管理者的薪酬仅仅增长 3 美元。Yermack(1995)也发现股权激励与代理成本的减少并不存在显著关系。而来自其他国家的经验证据基本与此是类似的。例如,Gregg 等(1993)考虑了英国的情况,他们发现,在 1983 至 1988 年间,薪酬与公司的业绩表现有非常弱的联系,这种微弱的联系甚至在 1988 年后消失了。而 Kaplan(1994)则发现,德国与美国的

PPS 水平非常接近。这意味着,大多数公司的薪酬合同中并没有充分包含管理者的激励成分。

在这样的情况下,一些学者对于传统的最优契约理论提出了质疑。Bertrand 等(2001)发现,当意外的好运降临时,经理层的薪酬也会随之大幅提高。显然,这与最优薪酬契约理论的预期正好是相反的。而 Bebchuk 等(2003)甚至指出,管理层的薪酬激励并不必然是解决代理问题的工具,它本身也可能成为代理问题的一部分。随后,Bebchuk 等(2004)系统阐述了与最优契约理论相对的管理层权力理论。他们认为,最优契约理论认为股东能够控制董事会,并按照股东价值最大化原则设计管理层薪酬安排,而事实上,管理层完全可能有能力影响自己的薪酬,并运用权力寻租。在 Bebchuk 等(2010)的研究中,他们发现管理层能够对于股权激励的授予时机进行机会主义的自我选择。而在 Bebchuk 等(2011)的研究中,他们发现 CEO 的报酬占高管团队总报酬的比例与公司的代理冲突存在显著的正向关系。

然而,对于薪酬契约的激励作用,现有文献还远未达成共识。例如,Frydman 等(2010)就从一个历史观的角度为最优契约理论提供了有力的证据支持。通过使用一个涵盖 1936 至 2005 年近七十年的数据集,他们发现,管理层的薪酬契约在降低代理冲突的方面一直发挥着非常积极的正面作用。这意味着,尽管大量文献提供了支持管理层权力理论的证据,然而,薪酬激励与代理冲突之间的关系依然是一个开放的实证命题。

就我国而言,已有研究对经理层薪酬激励的有效性,同样未形成一致性结论。刘斌等(2003)和张俊瑞等(2004)发现,经理层薪酬越高,公司绩效越好,即薪酬契约发挥了激励效应。但是,魏刚(2000)和李增泉(2000)却没有发现经理层契约的激励效应。由于我国上市公司中产权性质差异较大,产权性质的不同可能导致薪酬契约激励效应存在差异。学者们开始探讨不同的产权性质对于我国经理薪酬契约激励效应的影响。Firth 等(2006)发现,在国资委等国有资产管理机构控制的上市公司中,经理层契约与公司绩效不存在显著的相关关系,但在国有企业或者私有企业控股的上市公司中,经理薪酬却发挥了激励效应。基于政府对国有企业实行薪酬管制的国情,陈冬华等(2005)发现,在职消费在我国普遍存在,并成为国企经理薪酬契约的替代性选择,薪酬契约的激励效应在国有企业中失效。另一方面,学者们也从管理层权力理论的视角出发,关注到中国上市公司管理层的自定薪酬问题。例如,卢锐等(2008)利用 2001—2004 年中国上市公司的样本考察了管理层权力与在职消费之间的关系。他们发现,管理层权力大的企业,管理层的在职消费明显更大,但绩效并没有显著改善,而在职消费与业绩负相关,不能起到激励作用。这意味着,中国情况与美国类似,尽管经理薪酬之于企业业绩的敏感性随时间推移正在逐步增强(辛清泉等,2009),但经理层薪酬契约的激励作用同样也是公司治理质量和管理层权力的条件函数。

2.2 可转债的治理功能

2.2.1 可转债对股东与债权人代理问题的影响

当存在风险债务的时候,最大化权益价值和最大化公司价值将引起代理问题,即掏空债权人。由于有限责任,股东有动机将低风险项目替换为高风险项目。Green(1984)用理论模型证明与债务同时发行的选择权能够减少上述资产替代问题。当同时考虑融资和资产替代问题时,可转债或附认股权的公司债能够纠正经理层的行为。在存在看涨期权的情形下,由于潜在收益将不得不与新股东分享,因而削弱了权益持有者风险承担的动机。可是,Green(1984)的分析仅涉及一系列代理问题中的一种,而最重要的代理问题存在于经理层与股东之间,因此,代理问题并未被完全消除。

Mayers(1998)从未来融资问题的视角探讨了可转债的发行动机,将可转债视为减少融资成本的一种便利工具。不言而喻,连续融资增加公司的融资成本但却可以控制过度投资。可转债的可转换性不仅可以减少再融资成本也能制约过度投资。在可转债转换和赎回的一定期间,公司总有重要的投资和融资行为是对连续融资假说的一个支持。但是,Mayers(1998)也注意到,现有的经验证据在支持连续融资理论的同时,大部分也支持其他的理论。

Francois 等(2009)则对 Green(1984)的理论提出了质疑,认为 Green(1984)只考虑了一期的情况,如果以多期为前提,可转债的发行则不能达到减轻股东与债权人之间代理问题的治理效应。他们认为,在可转债的条款设计时,已经考虑了股东资产替代的可能性,这便为股东与债权人之间非合作博弈预留了空间。通过将剩余索取权与 BS 期权模型相结合,他们证明即使在以降低资产替代为目的而设计的可转债中,完全消除资产替代性也是不可能的。总而言之,他们认为,可转债不是制约资产替代的完美工具。

Lewis 等(1999)使用 1977—1984 年间美国市场 203 例可转债发行检验了 Stein 的后门权益假说和 Green 的风险转换假说。如果前者成立,可转债发行者应当比普通股发行者有更高的逆向选择和破产成本;如果后者成立,可转债发行者应当比直接债发行者有更大的代理成本。Lewis 等(1999)通过估计可转债到期日转换为权益的概率来划分其债性和股性。他们发现,与发行直接债的公司相比,发行债性可转债的公司:M/B 比率更高;现金流更少;股利支付更少;股价变异性更高;发行前的债务比例更高。这些发现与公司使用债性可转债控制资产替代的假说相一致。但是,Lewis 等(1999)提供的其他证据同时也支持后门权益假说,即发行股性可转债的公司的逆向选择成本确实高于普通股发行者。

Lewis 等(2001)的后续研究考察了可转债发行公司的长期绩效。使用 1979—1990 年间美国市场 566 例可转债发行的数据,他们发现,与配对样本相比,可转债发行公司的长期绩效下降,而权益发行公司的长期经营绩效与其配对样本没有显著的差别。他们认为证据与 Green(1984)和 Mayers(1998)的预期有一定的矛盾。在 Green 和 Mayers 的模型中,隐含的假定可转债发行者只会投资于净现值大于零的项目。给定经营绩效下降的现实,他们认为可转债不能完全解决资产替代和管理者自利(过度投资)问题。

Lewis 等(2002)采用配对(行业、规模和发行前的经营绩效)的方法,研究了 1979 到 1990 年发行可转债的公司的风险变化。他们将风险划分为系统风险和非系统风险,发现公司发行可转债之后,系统风险(权益的贝塔值和资产的贝塔值)有了显著的下降,但是,非系统风险即公司特有风险,却是显著上升的。非系统风险的上升导致了整个权益风险的上升,即权益投资回报率波动性增加。但是,基于传统的配对方法的研究,Lewis 等(2002)很难解决可转债发行中的内生性问题,所获得的证据可能是有偏的。

在 Lewis 等(2003)的另一篇文章中,使用 1972—1992 年间美国市场 588 例可转债发行的数据,试图调和那些关于发行动因和财富效应的分散的证据。他们分析了发行人特征对财富效应的影响,使用 delta 方法,仍然将可转债划分为股性和债性两种。他们的实证结果支持 Green(1984)的风险转化假说。

Chang 等(2004)使用来自台湾地区的 109 个样本检验了 Mayers 所提出的 SFH。他们发展并检验了两个来自 Mayers 模型的假设。第一个假设与过度投资有关,如果可转债确能减少过度投资行为,那么,当现有投资与未来投资选择权高度正相关时,可转债将更具价值。这通常存在于非多元化公司和现金流更易挥发的公司中,因此,这些公司将从可转债的使用中获益更多。第二个假设关注可转债到期前公司的净新融资额。如果 SFH 成立,为避免昂贵的外部融资,公司将尽可能使用内源资金。Chang 等(2004)的证据支持上述两个假设。

Krishnaswami 等(2008)则关注决定公司融资选择的影响因素。他们发现,道德风险、逆选择和财务困境对可转债发行具有显著影响,但是对直接债却没有影响。通过进一步研究,他们发现,财务困境显著影响可转债结构(债性还是股性),逆选择有一定的影响,而道德风险则没有显著影响。

Siddiqi(2009)从风险对股东财富的边际贡献角度解读了债权人与股东之间的代理成本,并着眼于构建降低代理成本的投资组合。他将股东视作公司看涨期权持有者,基于 BS 的期权定价模型,风险对股东价值的边际贡献大于零。由于资产替代和风险对股东财富的边际贡献大于零,在只用直接债进行融资时,将必然导致资产替代。在发行可转债融资中,如果发行公司冒险成功,可转债持有人转成股东,共享风险带来的好处,如果冒险不成功,财富则转向债权人,因此,在可转债中风险对股东财富的边际贡献小于或者等于零。将直接债与可转债按一定比例搭配,能使风险对股东的边际贡献等于零,即完全解决股东与债权人之间的代理问题,并采用 Monte-Carlo 实验证明之。

在可转债激励机制的研究中,各方的利益冲突不如股权激励行权价格的向下修正突出,研究者对后者的兴趣更大,但却对可转债的向下修正研究提供了借鉴意义。在 1998 年,美国出现了大量对股权激励行权价格向下修正的案例,学者们开始对这种现象进行解释。一部分学者发现,行权价格的向下修正是管理层机会主义行为的一种表现。Callaghan 等(2004)以股票期权向下修正的择时现象为切入口,发现在股票期权行权价修订后 20 天,样本公司的股票急剧上涨。另外,他们还发现,修订的日期会选择在发布季度盈余好消息之前或者在披露了季度盈余坏消息之后。Carter 等(2004)以美国 1998 年为研究期间,以股票期权处于"虚值"而没有进行修正的公司为配对样本,对期权行权价与经理层更换之间的关系进行了研究。有微弱的证据支持修正影响经理层的替换,经理层达到堑壕目的。

相反,也有证据支持,对行权价格的向下修正源于恢复经理层报酬合同的激励效应,使其重新成为最优合同。Carter 等(2001)发现对股票期权进行向下修正的公司主要是小的高科技公司,公司层面而非行业层面业绩更差的公司。他们认为,进行向下修正的目的是恢复激励效应以挽留公司经理层。Chidambaran 等(2003)也发现股票期权的向下修正同经理层的堑壕没有联系,并且,同堑壕假说相反,向下修正公司具有更高的经理层更换率。另外,他们还发现,年轻的、成长性好的小公司更容易进行修正。同时,高科技、零售和服务行业亦是修正概率较高的行业。

2.2.2 可转债对股东与经理层代理问题的制约效应

Green(1984)和 Mayers(1998)的研究以经理层与股东之间不存在代理问题为隐含前提,Isagawa(2000)则从经理层与股东之间的代理问题为切入点,证明设计良好的可转债能减少该类代理问题。在 Isagawa(2000)的模型中,管理层的投资决策受到违约风险的影响,而不是 Mayers 模型中所指的融资约束。当经理层存在建造帝国大厦的倾向以及害怕违约的情况下,恰当构造的可转换债券将减少经理层的机会主义行为。

Zweibel(1996)认为,具有堑壕目的的经理层通过自愿发行直接债而防止敌意收购。Isagawa(2002)受此观点启发,并对 Zweibel(1996)的模型进行了发展,推导证明具有堑壕目的的经理层更倾向于使用可转债而不是用直接债的方式进行堑壕。因为采用直接债进行堑壕需要承受可能的破产风险。通过设计良好的可赎回可转债,虽然行使赎回权时会损害公司的价值,但其不仅能防止恶意接管还能够避免破产成本,从而使经理层达到堑壕的目的。

Ortiz(2007)重点考察了资本结构与经理层激励之间的关系,并对权益的代理成本与债权的代理成本这两种竞争性假说进行了区分。权益的代理成本假说认为负债对经理层的机会主义行为进行制约,因此使用负债后,股东对经理层激励的动机变小,经理层的薪酬业绩敏感度变小。而债权的代理假说认为,鉴于经理层与股东利益越一致资产替代的可能性越大的前提,负债融资时,债权人通过贷款利率等事前手段干预经理层激励制度,倾向于借款给经理层与股东代理问题更严重的公司。因此,负债同经理层的薪酬业绩敏感度呈负相关。在可转债被视为为降低股东与债权人代理成本而设计的前提下,既然可转债已经降低了资产替代的风险,那么在发行可转债的公司中,经理层的薪酬业绩敏感程度会更高。

Ortiz(2007)的研究中除将可转债功能视为主要降低资产替代有待商榷外,对可转债发行公司中经理层的薪酬业绩敏感度更高的解释,还存在两种替代性假说。第一,可转债的激励效应。经理层偏爱持有自由现金流量,面对可转债的转股压力,可能更愿意投资于 NPV>0 的项目,减少股东与经理层之间的代理问题。因此,表现为可转债比发行直接债更高的薪酬业绩敏感度。第二,可转债公司的固有特征可能是其薪酬业绩敏感度更高的原因。在西方,发行可转债的公司以信息不对称程度高、具有良好未来发展机会的小公司占主导地位,在这类公司中,股东与经理层的代理问题小于未来发展机会较小的大公司。

在我国,主要通过发行可转债的市场反应研究其信号传递功能,对其治理功能的研究较少。刘娥平(2005)的研究是我国第一篇采用规范的实证方法考察可转债发行公告日前后股东财富效应的文献。不仅考察了市场对可转债发行的反应,还进一步验证了影响股票超常收益的因素。研究发现,稀释程度与非正常报酬负相关,并从股票市场供需关系的角度进行了解释。实际上,这个发现与Kim(1990)模型的预期是一致的。但是,负债比率的回归系数也为负,说明公告前负债比率越高,公告日的负效应越大,这却与Kim(1990)模型的预期相悖。然而,在牟晖等(2006)的研究中却发现,负债比率的系数为正,市场反应与资产负债率正相关,支持Stein(1992)的预测结果。就此问题,杨如彦等(2006)的研究结果与牟晖等(2006)类似。此外,他们也都发现,成长性指标与市场反应之间的回归系数为正,暗含着对Stein(1992)模型的支持。

从上述综述可以看出,已有对可转债与代理成本之间关系的研究具有以下特点:第一,主要从市场反应入手,从投资者对可转债发行的反应来判断其发行动机和隐含的治理功能;第二,以事件研究和模型推导为主,即关注可转债发行时短期效应的研究,而对发行后长期的绩效和治理功能的研究比较匮乏;第三,更关注可转债对股东与债权人之间代理冲突的治理作用,而忽略了股东与经理层之间的代理问题;第四,对可转债是否能制约股东的资产替代行为并未达成一致意见。总体上而言,在可转债对代理问题的治理功能和治理途径上的研究方兴未艾,有待进一步的探索。

2.3　可转债发行后的经济后果

以增发新股、发行公司债券和发行可转债的364家公司为样本(其中可转债样本为67家),Hansen等(1990)以1975—1982年为研究期间，验证了三种再融资方式融资后的长期经营业绩。他们发现，无论采用何种再融资方式，再融资以后，绩效都呈显著下滑趋势。并且，下滑的程度遵循融资有序理论预期，即股票最大，可转债次之，公司债最小，其中，发行可转债融资的下降幅度为 1.5%。

Lee 等（1998）以美国 1975—1990 年为研究期间，选取 986 家可转债发行公司为样本，从股票业绩和经营业绩两个方面考察了可转债发行后的经济后果。他们发现可转债发行后，无论市场回报还是经营绩效都显著下滑，总资产报酬率在四年内甚至下降了一半。

以 828 家发行可转债公司为样本，以未发行可转债的公司为配对样本，McLaughlin 等（1998）从长期股票业绩和经营业绩两个方面检验了可转债发行后的经济后果。他们发现，与配对公司相比，发行公司在可转换债券发行前经营绩效小幅度上升，但是在发行后经营绩效出现明显下降。并且在可转债发行前三年使用过股票再融资方式的可转债发行公司，发行后业绩下滑幅度明显更大。

以行业和规模对未发行可转债的公司选取配对公司后，采用各种会计业绩指标（比如总资产主营业务收益率等）、资本支出指标（比如资本性支出和研发支出）以及市场指标（市价账面比）表征公司绩效，Lewis 等（2001）检验了公司发行可转债后的绩效表现。他们发现，无论是与发行前后比较还是同配对样本相比，可转债的发行都导致了经营业绩指标的下降。然而，同以往学者研究结论不一致的是，Abhyankar 等（2006）以英国公司为样本，却发现可转债发行后绩效与配对公司之间不存在显著性差异。

综上所述，国外大部分学者的实证研究结果表明，虽然可转债在理论上具有减少代理冲突的功能，但是发行可转债融资的公司却并未在绩效上表现出明显的优势，相反，公司发行可转债后普遍存在业绩下滑现象。当然，已有的研究主要采用传统的配对方法对可转债发行后的绩效进行研究,而没有考虑可转债发行决策中隐含的自选择问题对研究结论的影响,结论可能是有偏的。

由于我国可转债发展较晚,数量较少,已有文献主要研究除可转债之外的其他再融资方式的绩效,鉴于可转债已发展为再融资的一种重要方式,故我们主要从我国再融资的经济后果角度对其进行文献回顾。

我国学者首先从整体的角度考察了我国上市公司上市前后的绩效。他们发现,总体而言,上市后的绩效呈下滑趋势。采用 EVA 回报率和社会 EVA 回报率作为绩效的核心指标,并辅以传统财务指标,南开大学证券与公司财务研究中心课题组(2002)考察了我国上市公司的经营绩效,他们发现,总体而言,我国上市公司持续盈利普遍偏差,增发、配股的公司融资后业绩逐渐下滑。他们还发现,上市年限与业绩存在反比关系。胡汝银等(2003)以 1994—2000 年为研究期间,全部 1 133 家 A 股上市公司为样本,考察了公司上市后的绩效表现。将净资产收益率作为表征公司业绩的指标,他们从时间序列的角度分析了上市公司的盈利能力,他们发现,上市公司的盈利能力呈逐年衰退趋势,上市后前两年净资产收益率的递减速度更显著。

由于在 2001 年以前,配股是我国最常用的再融资方式,我国学者也对配股后的绩效表现进行了探讨。以 1994—1999 年为研究期间,配股公司为样本,原红旗(2003)从市场表现和会计绩效上考察了配股公司配股以后的绩效。采用行业和规模对配股公司进行配对后,发现配股公司的会计长期业绩高于配对公司,但统计上不显著。然而,配股公司的长期市场业绩却出现了显著的下滑。

陈晓等(2003)选择与原红旗(2003)相似的区间(1993—1999),但以总资产报酬率和现金流报酬率作为公司绩效的表征变量,也检验了上市公司配股前后的绩效变化。发现上市公司配股以后的业绩普遍下滑,并且与同行业平均水平相比,以现金流报酬率表征的公司绩效在配股当年就明显更差。

可见,无论是上市后还是配股后,我国上市公司的绩效都呈下滑趋势。由于我国债券市场发展较晚,直接以可转债为研究对象的文献较少,但我们仍能从可转债其他相关话题的研究中窥见一斑。刘娥平(2005)和杨如彦等(2006)分别考察了我国可转债发行时的市场反应。刘娥平(2005)发现可转债发行公告的总体市场反应为负,而杨如彦等(2006)却只在债性可转债中发现了此效应。张雪芳(2008)采用了简单的均值比较,发现发行可转债的公司发行后一年的会计绩效显著好于发行前一年,但简单的均值比较未能剔除规模、风险等其他因素对绩效的影响。可见,我国对可转债长期绩效的研究还比较匮乏,有待进一步深入。

第 3 章　可转债与无效投资

长期以来,投资一直是推动我国宏观经济增长的最重要因素之一。截至 2005 年,投资对经济增长的贡献率已高达 43.4%(姜再勇等,2007)。显然,投资的高速增长必须以有效投资为前置条件,即应当投资于 NPV>0 的项目,否则将可能引起国民经济结构的失调。然而,现有文献却表明,我国上市公司平均投资回报率仅为 2.6%,整体投资效率堪忧(辛清泉等,2007)。这说明上市公司可能存在较为严重的无效投资行为。[①] 从已有证据来看,一方面,我国上市公司中存在着大量的过度投资(唐雪松等,2007;姚明安等,2008);另一方面,我国上市公司的现金持有量也呈节节上升的趋势,[②] 存在着超额持有现金的现象(辛宇等,2006)。并且,这些超额持有现金的公司一个突出特点却是拥有相对较多的投资机会(彭桃英等,2006)。这意味着过度投资和投资不足都已然成为我国上市公司投资过程中亟待解决的问题。

对于制约我国上市公司无效投资行为的治理机制,现有研究已经

---

① 具体而言,无效投资主要包括两类互斥行为:过度投资与投资不足。所谓过度投资,是指在投资项目的净现值小于零的情况下,决策者仍实施投资的一种行为;而投资不足,则主要是指在投资项目的净现值大于或等于零的情况下,决策者仍然放弃投资的行为。

② 至 2005 年已高达 5 339 亿元,平均约占上市公司总资产的 13%。

提供了一些重要的线索。例如,童盼等(2005)和魏明海等(2007)分别提供了直接债和现金股利能够制约上市公司过度投资的经验证据。然而,现有研究还没有对投资不足给予足够的重视,也忽略了过度投资与投资不足之间的动态联系。事实上,作为治理工具的直接债和现金股利,在制约过度投资的同时,也有很大的可能会导致公司的投资不足(Isagawa,2000)。也就是说,对过度投资的缓解往往伴随着投资不足的产生和加剧。因此,现实迫切需要的是一种可以双向制约公司无效投资行为的治理机制。

基于此,与上述研究不同的是,我们致力于考察可转债对于公司无效投资行为的双向治理。理论上说,由于可转债同时具备债券和股票期权的性质,因而可以作为对公司无效投资的双向治理机制(Isagawa,2000)。具体的,可转债内嵌的期权性质可以促使可转债在发行公司投资于 NPV>0 的项目时转换为股票,缓解股东与债权人之间的代理冲突,从而改善公司的投资不足;同时,其内含的债券性质在发行公司投资于 NPV<0 的项目时,将增加公司的破产概率,又有助于抑制公司的过度投资行为。因此,给定可转债上述理论上的优良性质,我们感兴趣的是,可转债的发行是否确实能够实现对我国上市公司无效投资的双向治理?

尽管 2000 年以来我国可转债市场发展迅速,[①]但迄今为止,我国尚无研究直接提供解答上述问题的经验证据。事实上,对于衍生于西方制度背景下的可转债移植于中国资本市场后是否仍然具备优良的

---

① 截至 2008 年,我国已累计发行 61 只可转换公司债券。2007 年可转债的总融资规模为 280.28 亿元,2008 年同比增长了 153.34%,已高达 710.05 亿元。可以说,从融资规模的角度来看,可转债已经成为我国上市公司再融资的主流模式之一。

治理功能，本身就是一个重要而有趣的实证命题。[①] 因此，对于上述问题的考察，既有助于我们寻求改善我国上市公司投资效率的治理机制，也有助于我们更深刻地了解可转债本身的内在机理，进而为我国可转债市场的建设和发展提供政策建议。

3.1 理论分析与研究假设

根据 Modigliani 等(1958)的观点，在完美市场条件下，公司的投资决策仅与投资项目的未来现金流量及分布相关，而与资本结构等其他因素无关。然而，过于苛刻的完美市场假设难以刻画真实的世界。所有权与经营权的分离致使债权人、股东与经理层之间的代理冲突充斥着现实世界，公司的投资决策也因此而深受影响(Jensen,1986；Myers,1977；Shleifer 等,1989)。

3.1.1 可转债对债权人与股东代理问题所引致的无效投资的双向治理

债权人与股东之间的代理问题，在投资上表现为对 NPV > 0 项目的投资不足(Myers,1977)和对高风险项目的过度投资(Jensen,1986)。Green(1984)认为，由于可转债中的看涨期权，股东与债权人共享未来收益，这将减少股东投资于高风险项目的动机，进而制约资产替代性过度投资。除看涨期权外，可转换性是可转债的另一特性。可转债较直接债融资成本更低，而其可转换性又使融资资金如连续融资一样分次供给，从而可以制约过度投资。因此，Mayers(1998)认为可转债是一种既节约融资成本又能制约过度投资的便利工具。

然而，Green(1984)的模型仅考虑了单期时股东的行为模式，Fran-

[①] 例如，《可转换公司债券管理暂行办法》中明确要求，在我国，可转债的发行金额不得小于 1 亿元。考虑到上市公司中普遍存在的过度融资动机(张峥等,2004)，可转债在我国资本市场中的运用是否能够成为一种治理机制，抑或本身就是一种代理问题的表现，就不再如理论所预期的那样明朗。

cois 等(2009)提出,在多期博弈中,如果将股东与债权人之间的代理问题事前设计入可转债条款,必然为两者之间的非合作博弈留下空间,反而不能完全消除资产替代行为引致的过度投资。

已有的研究主要从可转债自身性质角度证明其对资产替代所致的过度投资行为的治理效应(Green,1984;Mayers,1998;Francois 等,2009),但对投资不足则关注较少。故我们借鉴 Myers(1977)的分析框架,从经理层或者股东的投资决策本身及其经济后果视角来证明可转债能有效缓解投资不足。

假设一家公司,面临一系列投资机会,投资于项目产生的利润折现额为 $B(I)$,投资的单位成本为 c。股东投资决策的基本条件为归属于股东的投资收益大于其投资成本。当所有资金均来自于股东时,股东投资后增量价值为:

$$\Delta S = V = B(I) - c*I \tag{3.1}$$

求上式盈亏平衡点,可得:

$$B(I) - c*I = 0 \tag{3.2}$$

假定满足上式盈亏平衡点的内含报酬率(即股东的必要报酬率)为 IRR^*,只要公司投资机会的内含报酬率大于 IRR^*,股东均进行投资,投资总水平为 I^*,即公司价值最大的投资总额。但是,如果公司采用金额为 D、利率为 r 的直接债为公司部分项目融资时,股东的增量价值则为:

$$\Delta S = B(I) - c*I - D*r \tag{3.3}$$

求盈亏平衡点,可得:

$$B(I) - c*I = D*r \tag{3.4}$$

满足股东投资盈亏平衡点时的内含报酬率为 IRR^D,公司投资总水平为 I^D。由于 $D*r>0$,可推出 $IRR^D > IRR^*$,此时,大于 IRR^* 但小于 IRR^D 的投资机会将全部被放弃,投资总额 $I^D < I^*$,从而形成投资

不足。

如果采用可转债弥补金额为 D 的资金缺口,利息率仍为 r,发行总数量为 N 张,假定可转债转股期间,共有 n 张可转债转换为股票,转换比率为 $M(M>1)$。转股以后,股东的增量价值则为:

$$\Delta S = B(I) - c*I - D*\left(1 - \frac{n}{N}\right)*r - \left(\frac{n}{M}\right)*S \qquad (3.5)$$

整理以后,股东决定是否投资的盈亏平衡点为:

$$B(I) - c*I = \left[D*\left(1 - \frac{n}{N}\right)*r\right] / \left(1 + \frac{n}{M}\right) \qquad (3.6)$$

此时股东要求的内含报酬率为 IRR^{CB},投资总水平为 I^{CB}。由于 $0 < [D*(1-n/N)*r]/(1+n/M) < D*r$,可推出,$IRR^{D} > IRR^{CB} \geqslant IRR^{*}$(当且仅当可转债100%转股时,等号成立),进而可得,$I^{D} < I^{CB} \leqslant I^{*}$。可见,可转债能够有效地改善股东的投资不足行为。

3.1.2 经理层基于堑壕动机的无效投资行为

无论是 Green(1984)还是 Mayers(1998)的模型都忽略了股东与经理层之间的代理问题所引致的无效投资行为。Isagawa(2000)则以此为切入点,着眼于可转债的可转换性特征,推导出恰当构造的可转换债券将减少经理人的机会主义行为的结论。然而,鉴于可转债的期限较长,公司可能并非恒定处于某种无效投资行为中,并且基于可转债条款一经设定将难以频繁修改的事实前提,我们将 Shleifer 等(1989)的分析框架作适度的延展,考虑破产威胁对经理层投资决策的影响以及融资与投资决策之间的互动关系,并重点分析可转债的动态治理效应,即根据上期的无效投资类别来调整投资策略,使投资行为始终趋向最优。

假如公司经理投资于同其人力资本或经历高度相关的行业,且该类投资具有不可逆性,记为 I_{inc};现任经理人对该部分投资的管理能力为 a_{inc};$B(I)$ 表示在投资水平 I 下,管理能力所创造的利润现值,且

$B' > 0, B'' < 0$；c 表示每单位投资的成本。我们假定公司的破产概率是资产负债率(L/A)的函数，即 $p = h(L/A)$。

当破产概率为零时，支付管理者报酬前现任管理者管理下的公司价值表示为：

$$V_{inc} = a_{inc} * B(I_{inc}) - c * I_{inc} \quad (3.7)$$

当破产概率大于零小于 1 时，支付管理者报酬前现任管理者管理下的公司价值应为：

$$V_{inc} = [a_{inc} * B(I_{inc}) - c * I_{inc}] * (1 - R) \quad (3.8)$$

其中，R 为破产概率存在下的风险调整系数。

当替代者接替公司后，支付管理者报酬前替代者管理下的公司价值则为：

$$V_{alt} = a_{alt} * B(I_{inc}) + a'_{alt} * B(I_{alt}) - c * (I_{inc} + I_{alt}) \quad (3.9)$$

其中，I_{alt} 表示替代者新增的与其人力资本相关的专有投资，a_{alt} 表示其对替代前资产的管理能力，a'_{alt} 则表示替代者对新增投资的管理能力，显然存在 $a_{inc} > a_{alt}$。

假定，管理层的报酬取决于现任管理者同替代者之间的报酬差别，而替代者出现的概率等于破产概率 P，则管理层的报酬函数表示为：

$$W = f(V_{inc} - V_{alt} * P) \quad (3.10)$$

当 $P = 0$ 时，管理层的报酬函数表示为：

$$W = f(V_{inc} - V_{alt} * P) = f(V_{inc}) = f(a_{inc} * B(I_{inc}) - c * I_{inc}) \quad (3.11)$$

现任管理者最大化其报酬的最优投资规模则为：

$$\frac{\partial W}{\partial I_{inc}} = f'[a_{inc} * B(I_{inc}) - c * I_{inc}] * a_{inc} * B'(I_{inc}) - c \quad (3.12)$$

$$a_{inc} * B'(I_{inc}^*) = c \quad (3.13)$$

其中 I_{inc}^* 表示最优投资水平。

当 $0 < P < 1$ 时,现任管理者的报酬函数为:

$$W = f(V_{inc} - V_{alt} * P) = f[a_{inc} * B(I_{inc}) - c * I_{inc} - a_{alt} * B(I_{inc})$$
$$- a'_{alt} * B(I_{alt}) * P + c * (I_{inc} + I_{alt}) * P] \quad (3.14)$$

由于实际的替换并没有发生,即 $I_{alt} = 0$,将其带入(3.14)式,并对(3.14)式求一阶导数,此时现任管理者的最优投资规模为 I_{inc}:

$$(a_{inc} - P * a_{alt}) * B'(I_{inc}) = c * (1 - P) \quad (3.15)$$

根据 $a_{inc} > a_{alt}$ 和(3.15)式,可得:

$$(a_{inc} - P * a_{inc}) * B'(I_{inc}) = a_{inc} * (1 - P) * B'(I_{inc}) < c * (1 - P)$$
$$(3.16)$$

$$a_{inc} * B'(I_{inc}) < c \quad (3.17)$$

根据(3.13)式: $a_{inc} * B'(I_{inc}^*) = c$,比较(3.13)式与(3.17)式,可得 $I_{inc} < I_{inc}^*$。

另外,由(3.15)式可知,P 是最佳投资的函数,整理得:

$$B'(I_{inc}) = \frac{c * (1 - P)}{(a_{inc} - P * a_{alt})} \quad (3.18)$$

对上式求导,可得:

$$B''(I_{inc}) = \frac{c(a_{alt} - a_{inc})}{(a_{inc} - P * a_{alt})^2} \quad (3.19)$$

因为 $c(a_{alt} - a_{inc}) < 0$,故 $B'(I_{inc})$ 是 P 的递减函数,因此,P 越大,最优投资水平越低。

通过以上比较证明,可得 $I_{inc} < I_{inc}^*$,并且随着 P 的增大而减少,即 $I_{inc}'' < I_{inc} < I_{inc}^*$。公司价值与经理人投资水平的关系如图 3-1:

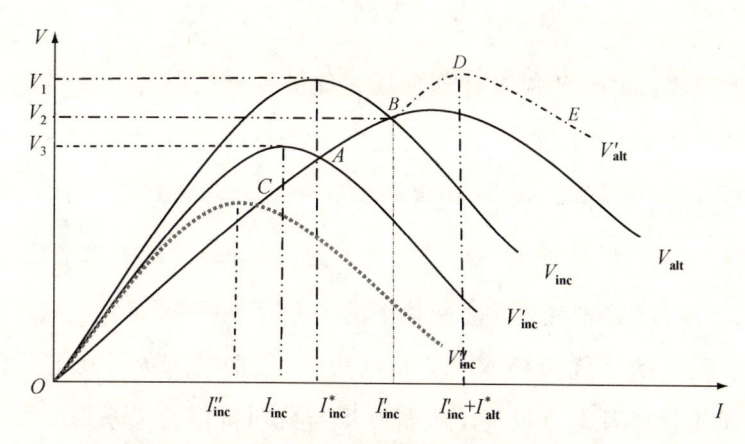

图 3-1 公司价值与经理人投资水平的关系

图 3-1 中,曲线 V_{inc} 表示破产概率为零时的投资水平与公司价值的关系,最优投资水平记为 I^*,此时,现任管理者的收入也实现最大化。

曲线 V'_{inc} 与 V''_{inc} 表示存在破产概率下的经理人投资水平与公司价值的关系,其中,V''_{inc} 的破产概率大于 V'_{inc},V''_{inc} 与 V'_{inc} 下的最优投资水平分别记为 I''_{inc} 和 I_{inc}。当存在完善的公司治理机制时,经理人进行堑壕的可能性小。而破产威胁的存在,将导致经理人最优投资水平由投资水平 I^* 下降到 I_{inc},V_1 与 V_3 之差表示投资不足所带来的公司价值损失。如果公司治理机制不够完善,现任经理人为了增加被替换的成本达到堑壕目的或者构建帝国大厦,将利用其对现有资产更高的管理能力,即 $a_{inc} > a_{alt}$,扩大投资至 I'_{inc}。在 I'_{inc} 处,曲线 V_{alt} 与曲线 V'_{alt} 相交,替代者创造的公司价值与现任管理者管理下的公司价值相等;大于 I'_{inc} 后,曲线 V_{alt} 高于曲线 V'_{inc},替代者创造的价值大于现任管理者管理下的公司价值,现任管理者被替代。因此,投资水平 I'_{inc} 是现任管理者堑壕下的最大投资水平,投资水平 I'_{inc} 偏离最优投资水平 I^*_{inc} 的距离表示现任管理者的过度投资程度,V_1 与 V_2 之差表示投资过度所带来的公司价值损失。

曲线 V_{alt} 表示,替代者管理现任管理层专有投资与其新增专有投资的能力无差别时,即 $a_{\text{alt}} = a'_{\text{alt}}$,投资水平与公司价值的关系。曲线 V'_{alt}(即曲线 $OBDE$)表示,替代者管理新增专有投资能力大于已有投资即 $a'_{\text{alt}} > a_{\text{alt}}$ 时,投资水平与公司价值的关系;最优投资水平记为 $I'_{\text{inc}} + I^*_{\text{alt}}$,其中,$I'_{\text{inc}}$ 是现任管理者堑壕下的最大投资水平,而 $I_{\text{alt}}{}^*$ 则表示新增专有投资的最优投资水平。B 点为拐点,曲线 OB 刻画了替代者管理现任管理者专有投资下投资水平与公司价值的关系,此时 $a_{\text{inc}} > a_{\text{alt}}$;而曲线 BDE 则描述了随着替代者新增专有投资的增加,替代者对资产的管理能力增加即 $a'_{\text{alt}} > a_{\text{alt}}$ 时,投资水平与公司价值的关系。

3.1.3 可转债对堑壕动机经理层所引致的无效投资的双向治理

公司面临融资需求时,可以考虑股权融资或者债权融资。但是,这两种融资方式都无法解决融资之后的无效投资行为。股权融资可以降低公司的破产概率,使投资不足现象获得改善。但是,这要求具有完善的公司治理机制为前提,否则,将诱发投资不足行为向投资过度行为转换,譬如,曲线 V''_{inc} 向曲线 V_{inc} 移动,投资水平由 C 点对应的投资不足向 B 点对应的过度投资转化。对于负债融资而言,一方面,新增负债将加大公司的破产概率,使曲线 V_{inc} 向下移动,并与曲线 V_{alt} 的交点落在曲线 AB 之间时,负债融资体现出制约公司过度投资的优势。另一方面,如果破产概率增加过大,使曲线 V_{inc} 下移至曲线 V'_{inc} 之下,并与曲线 V_{alt} 交于曲线 OA 之间,比如 C 点,其对应的投资水平将小于最优投资水平 I^*,此时,负债融资在治理投资过度的同时引致了投资不足。可见,股权融资与负债融资在治理无效投资上各有利弊,但均无法同时兼顾两种无效投资的治理。

然而,基于可转换性和债性特征,可转债能扬股权融资与债务融资对无效投资行为治理之长,并避其短,不仅能有效改善投资不足,同时也能抑制过度投资行为。假定现任管理者按照 NPV 的大小顺序选择专有投资项目,则可以将 O 到 I_{inc}^* 之间的项目视为 NPV > 0 的项目,大于 I_{inc}^* 之后的投资区间视为 NPV < 0 的项目。当投资于 NPV > 0 的项目时,公司价值升高,可转债中股票期权处于"实值"状态,理性投资者选择转股,可转债全部(或者大部分)转换为股票。相对于发行前而言,转股后发行公司在原有(或者接近原有)债务水平上提高了资产规模,破产概率小于发行可转债之前,曲线 V_{inc}' 上移,投资不足程度获得缓解。而当可转债融资资金投资于 NPV < 0 的项目时,公司价值下降,可转债中股票期权处于"虚值"状态,理性债权人拒绝转股。由于债务水平增加速度大于资产增加速度,发行可转债融资后资产负债率增加,即破产概率增加,曲线 V_{inc} 向下移动,并与曲线 V_{alt} 的交点落在曲线 AB 之间,此时的过度投资水平小于 I_{inc}',可转债有效制约了投资过度行为。

因此,基于上述分析,我们提出以下基本研究假设:可转债既能够缓解公司的投资不足,也能够制约公司的过度投资,从而实现对公司无效投资的双向治理。

3.2 研究设计

3.2.1 样本选择与数据来源

我们选取 2000—2008 年间所有发行可转债的公司作为实证检验的初始样本。之后依次执行了以下样本筛选程序:(1) 剔除金融类上市公司,因为这些公司存在行业特殊性;(2) 剔除发行公司属于未上市国有重点公司的样本;(3) 剔除 2000—2008 年间资料不全的公司;(4) 剔除重复发行的公司。最后,我们的样本中一共包括 52 家发行可转债的 A 股上市公司。

我们所使用的财务数据全部来自 Wind 金融研究数据库,股票交易、公司治理及可转债具体条款数据全部来自 CCER 金融研究数据库。对于有疑问的财务数据,我们将来自 Wind 的信息和来自 CCER 的信息进行了核对。本章的数据处理全部采用 Stata 9.0 计量分析软件进行。

3.2.2　PSM 配对方法

为了克服传统配对方法的缺陷,我们采用 PSM 方法对发行可转债的样本进行配对。根据第一章中介绍的 PSM 方法的步骤可知,用于估计倾向得分(即 PS 值)的公司特征变量不仅影响发行可转债后的代理冲突行为或者绩效,同时也是可转债发行决策的重要影响因素。参考已有的研究(Lee 等,1998;Lewis 等,2001;Cheng,2003;Li 等,2006),我们选择发行前一年规模(Size)、行业、账面价值与市值比(B/M)和股票回报率(RET)作为计算倾向得分的公司特征变量。其中,规模(Size)由年末总资产的自然对数表示;账面价值与市值比(B/M)由年末总资产账面价值除以年末总资产市场价值表征,年末总资产市场价值通过"年末流通股股数×年末收盘价+年末非流通股股数×每股净资产+年末负债的账面价值"计算获得;股票回报率(RET)则由股票年收益率直接表征。

表 3-1 中 Panel A、Pane B 和 Panel C 报告了 PSM 方法配对后,规模(Size)、股票回报率(RET)以及账面价值与市场价值比(B/M)在发行可转债样本和配对样本之间的均值检验结果。用于计算 PS 值的公司特征变量的均值检验在两组样本之间不显著,表明我们所采用的 PSM 方法的正确性。

表 3-1　PSM 配对方法的描述性统计

Panel A:Size						
项目	样本数	均值	标准差	均值差	T 值	P-value
发行可转债	52	22.1123	0.1191			
配对样本	104	22.2295	0.0657	-0.1173	-0.9379	0.3498
Panel B:RET						
项目	样本数	均值	标准差	均值差	T 值	P-value
发行可转债	52	0.3302	0.1180	0.0433	0.2726	0.7855
配对样本	104	0.2869	0.1003			
Panel C:B/M						
项目	样本数	均值	标准差	均值差	T 值	P-value
发行可转债	52	0.7829	0.0325	0.0337	0.7990	0.4256
配对样本	104	0.7492	0.0255			

3.2.3　对无效投资行为的衡量

根据 Hubbard(1998)对公司投资水平影响因素的总结，Richardson(2006)建立了估计公司正常投资水平的基本模型，并根据实际投资水平与估计投资水平之差分别定义了投资不足(实际投资水平 - 估计的投资水平 < 0)和过度投资(实际投资水平 - 估计的投资水平 > 0)。此后，这一模型被研究者们广泛应用于对公司无效投资的衡量(辛清泉等，2007；魏明海等，2007；Verdi，2006；杨华军等，2007)。我们也以此为基础衡量公司的无效投资程度。

具体来说，我们通过以下模型估算公司的年度正常资本投资额：

$$INV_{i,t} = a_0 + a_1 Grow_{i,t-1} + a_2 Lev_{i,t-1} + a_3 Cash_{i,t-1} + a_4 Age_{i,t-1} + a_5 Size_{i,t-1} + a_6 RET_{i,t-1} + a_7 INV_{i,t-1} + a_8 F_{i,t-1} + \sum Industry_{i,t} + \sum Year_{i,t} + \xi_{i,t} \quad 模型(3.1)$$

其中，因变量 $INV_{i,t}$ 是公司在 t 年的新增资本投资量。$Grow_{t-1}$ 表示公司在 $t-1$ 年所面临的未来成长机会。虽然托宾 Q 值偏重描述公司的未来成长机会，但鉴于我国股票市场的弱势有效和长期存在股权分置的情况，我们借鉴已有研究(魏明海等，2007)，采用销售增长率作为成长机会的代理变量。由于我们感兴趣的是公司再融资后的投资行为,而再融资行为本身可能会影响到公司随后年度的投资水平,再融资实施之后,公司的资本投资量应该会更大。所以,我们在Richardson(2006)模型中加入了表征公司融资状态的虚拟变量 F 以修正模型可能存在的估计偏差,如果公司在 $t-1$ 年发生再融资行为(发行公司债、可转债、可分离债、配股和发行新股), F 取值为1,否则为0。模型(3.1)中主要变量的定义和衡量方法可详见表3-2。

表3-2 模型(3.1)中主要变量的定义

变量符号	变量描述	变量说明
INV_t	t 年新增资本投资	(年末长期资产-年初长期资产)/年末资产总额
$Grow_{t-1}$	$t-1$ 年公司成长性	(本年营业收入-上年营业收入)/上年营业收入
Lev_{t-1}	$t-1$ 年末资产负债率	年末总负债/年末总资产
$Cash_{t-1}$	$t-1$ 年末现金持有量	[年末货币资金+年末短期投资(或交易性金融资产)]/年末总资产
Age_{t-1}	$t-1$ 年上市年限	从IPO到 $t-1$ 年止的年限
$Size_{t-1}$	$t-1$ 年末公司规模	年末资产总额的自然对数
RET_{t-1}	$t-1$ 年股票收益	第 $t-1$ 年公司股票回报率
INV_{t-1}	$t-1$ 年新增资本投资	($t-1$ 年年末长期资产-第 $t-1$ 年年初长期资产)/$t-1$ 年年末资产总额
F_{t-1}	$t-1$ 年的再融资状态	如果 $t-1$ 年有再融资行为取值为1,否则为0
Industry	行业	行业虚拟变量,使用CSRC行业分类标准
Year	年度	年度虚拟变量,控制不同年份宏观经济因素的影响

3.2.4 变量估算结果与描述性统计

为便于观测可转债发行前后公司投资效率的变化趋势,我们需要衡量可转债发行前一年公司的投资行为。因此,我们首先采用所有中国A股非金融类上市公司1998—2012年间的数据对模型(3.1)进行拟合,以获取用于计算公司正常投资水平的估计系数。表3-3是对模型(3.1)进行拟合的结果。从表3-3可以看出,各变量的回归系数都与预期的符号一致。并且,现金持有量(Cash)在5%的水平上统计显著,其他变量均在1%的水平上统计显著,调整的R^2也达到18%。这说明使用该模型预计中国上市公司的正常资本投资水平具有可行性和合理性。

表 3-3　预期资本投资模型的回归结果

变量	预期符号	系数	T值	P-value
Constant	?	−0.0934***	−3.44	0.00
INV_{t-1}	+	0.0767***	9.58	0.00
Age_{t-1}	−	−0.0036***	−10.58	0.00
RET_{t-1}	+	0.0257***	7.53	0.00
$Size_{t-1}$	+	0.0062***	4.87	0.00
$Cash_{t-1}$	+	0.0000**	2.22	0.03
Lev_{t-1}	−	−0.0493***	−7.86	0.00
$Grow_{t-1}$	+	0.0098***	4.67	0.00
F_{t-1}	+	0.0287***	10.86	0.00
Industry		已控制		
Year		已控制		
N		13 667		
adj. R^2		0.180		
F		72.19		

注:*表示在10%的水平上显著,**表示在5%的水平上显著,***表示在1%的水平上显著。

根据表3-3中的回归系数和样本公司的实际财务数据可以估算出每个公司的年度正常资本投资水平。样本公司的实际投资水平与我们所估算出的正常投资水平之间的差值(残差)即为公司年度无效投资行为的衡量。如果该差值大于0,表示公司当年存在过度投资的情形;反之,则表示公司当年存在投资不足的情形。t表示时间,我们定义可转债发行当年为$t=0$年,我们根据样本公司在发行前一年的无效投资类型将样本公司分成过度投资和投资不足两组子样本。表3-4

是对样本公司发行前一年到发行后三年的无效投资行为分时段描述的结果。

表 3-4　无效投资行为的描述性统计

		$t=-1$	$t=0$	$t=1$	$t=2$	$t=3$
过度投资	均值	0.097	0.050	0.062	0.054	-0.001
	中位数	0.068	0.023	0.039	0.024	-0.029
	标准差	0.107	0.138	0.113	0.134	0.124
	样本量	36	36	36	36	36
投资不足	均值	-0.042	0.014	0.033	0.071	0.025
	中位数	-0.040	0.017	0.064	0.020	-0.017
	标准差	0.023	0.096	0.173	0.158	0.145
	样本量	16	16	16	16	16

从表 3-4 可以看出,样本公司在可转债发行前的过度投资行为比较普遍,过度投资的公司所占样本比例高达近 70%。从变化趋势来看,可转债发行前一年的过度投资程度较为严重,之后逐渐下降。具体来说,在发行当年($t=0$),样本公司的过度投资急剧下降,之后三年的变化虽比较平稳,但仍呈下降趋势,并逐渐趋近于最优投资水平即零值。在投资不足的子样本中,其中位数从发行前一年的 -0.040 变化为发行当年的 -0.017,中位数的变化也呈现出向最优投资水平靠近的趋势。因此,表 3-4 的结果初步表明可转债的发行能够在一定程度上实现对于公司无效投资的双向治理。

表 3-5 从同一样本相邻两期无效投资水平变动幅度的视角来刻画发行公司投资效率的变化趋势。其中,$\Delta Over$ 和 $\Delta Under$ 系相邻两年间同种类型无效投资的差值,分别表示公司上一年的过度投资或投资不足行为在本年度所得到的矫正程度。显然,$\Delta Over(\Delta Under)$ 的负值(正值)越大,意味着样本公司投资效率的改善程度越大。可以看到,从可转债发行当年至发行后的第三年,$\Delta Over$ 和 $\Delta Under$ 的符号都

与我们的预期相同,并且,一半的均值检验至少在 10% 的水平上统计显著。这也初步证明可转债的发行能够在一定程度上实现对于公司无效投资的双向治理。

表 3-5 投资效率变动比较

		$t=0$	$t=1$	$t=2$	$t=3$
ΔOver	均值	-0.057	-0.032	-0.027	-0.095
	中位数	-0.057	-0.020	-0.032	-0.072
	标准差	0.304	0.025	0.031	0.029
	T 值	-1.897*	-1.302	-0.890	-3.344***
ΔUnder	均值	0.048	0.073	0.113	0.067
	中位数	0.055	0.052	0.057	0.043
	标准差	0.024	0.047	0.027	0.041
	T 值	2.261**	1.566	2.841**	1.645

注:* 表示在 10% 的水平上显著,** 表示在 5% 的水平上显著,*** 表示在 1% 的水平上显著。

3.3 可转债对无效投资的双向治理作用

3.3.1 模型和变量

我们建立如下多元回归模型以考察可转债对于公司无效投资行为的双向治理作用:

$$\text{Over}_{i,t} \text{ or } \text{Under}_{i,t} = A_0 + A_1 \text{Period}_{i,t} + B_i * \sum \text{Control}_{i,t} + \mu_{i,t}$$

模型(3.2)

其中,因变量是公司的无效投资程度,包含过度投资(Over_t)和投资不足(Under_t)两个方面。Over_t 由 Over_0、Over_1、Over_2、Over_3 构成,Under_t 由 Under_0、Under_1、Under_2、Under_3 构成,分别表示发行当年、发行后第一年、第二年、第三年公司过度投资和投资不足的程度。我们的目的是对样本公司在可转债发行前后的投资效率进行序时比较,为此,

我们设置了用于区别期间归属的虚拟变量 Period。具体来说,我们将发行前一年作为基期,并根据该年的无效投资行为将样本公司区分为过度投资和投资不足两组子样本。对每一个样本公司,我们将其发行前一年的 Period 变量赋值为 0,而发行后各年则依次取值为 1,并分别纳入到模型(3.2)中参与回归。因此,我们最关心的是 Period 的估计系数 A_1 的符号和统计显著性,在过度投资和投资不足的子样本中,如果系数 A_1 分别小于和大于零且统计显著,则表示可转债确实能够双向改善公司的投资效率。

参照之前的研究(姚明安等,2008;童盼等,2005;魏明海等,2007;Richardson,2006;罗琦等,2007),我们也控制了经营活动现金流量、融资规模、负债率、成长性、股利支付率、所有权性质、股权集中度及流通股比例等可能影响公司无效投资的因素。虽然我们在估计正常投资的时候已经考虑了年度和行业的影响,但引致可转债市场热发的宏观政策和行业特殊性仍然可能会影响公司的无效投资行为。因此,我们按样本是否归属于可转债热发期间进行分类,以控制宏观政策对无效投资行为的影响。同时,我们借鉴之前研究的做法(Teoh 等,1998;辛清泉等,2009),将样本按是否属于保护性行业进行分类,[1]以控制特殊行业对无效投资行为的影响。模型(3.2)中主要变量的定义和衡量方法可详见表 3-6。

---

[1] 参照辛清泉等(2009)的做法并根据证监会行业分类标准,我们将如下行业划分为保护性行业:B—采掘业,C41—石油加工及炼焦业,C65—黑色金属冶炼和压延加工业,C67—有色金属冶炼和压延加工业,D—电力、煤气及水的生产和供应业,F—交通运输、仓储业。

表 3-6　模型(3.2)中主要变量的定义

变量符号	变量描述	变量说明
Over/Under	过度投资/投资不足	详见 3.2 中的描述
ΔOver/ΔUnder	投资效率的变化	详见 3.2 中的描述
Period	期间归属	详见 3.3 中的描述
First	股权集中度	第一大股东持股比例
Ownership	所有权性质	最终控制人为非国有公司取值为 1，否则为 0
Tradeable	流通股比例	流通股股数/总股数
Mon	融资规模	可转债融资规模的自然对数
Grow	成长性	(本期营业收入 − 上期营业收入)/上期营业收入
Opcash	经营活动现金净流量	经营活动现金净流量/年末总资产
Div	股利支付率	每股现金股利/每股盈余
Year	年度	属于可转债热发期(2002—2004 年)取值为 1，否则为 0
Industry	行业	属于保护性行业取值为 1，否则为 0

3.3.2　回归结果

表 3-7 报告模型(3.2)的回归结果。其中,回归(1)至(4)和(5)至(8)分别针对过度投资和投资不足的子样本,每个子样本的四个回归又分别考察可转债发行当年、发行后第一年、第二年、第三年相对发行前一年公司投资效率的变化。对于样本数据中所存在的异方差问题,我们已经使用 White 稳健性标准误对检验程序进行了修正。如表 3-7 所示,在控制住其他变量的影响后,变量 Period 在过度投资子样本中的估计系数始终为负,并在发行后各年的回归中都至少在 5% 统计水平上显著。这表明可转债发行后公司的过度投资水平呈下降趋势,可转债能够抑制公司的过度投资行为。类似的,在投资不足子样本中,变量 Period 的估计系数始终为正,发行当年和发行后第二年,均在 10% 统计水平上显著。这意味着发行前公司的投资不足行为也得到了明显的改善。

表 3-7 可转债对无效投资行为的双向治理

	过度投资				投资不足			
	(1)	(2)	(3)	(4)	(5)	(6)	(7)	(8)
Constant	1.180**	-0.544	0.203	0.529	0.480	0.789	0.187	1.080
	(2.60)	(-1.04)	(0.55)	(0.92)	(0.65)	(1.64)	(0.42)	(1.72)
Period	-0.144***	-0.066**	-0.072**	-0.103***	0.054*	0.026	0.055*	0.054
	(-3.72)	(-2.11)	(-2.67)	(-2.91)	(1.84)	(0.53)	(1.73)	(1.63)
First	-0.099	-0.087	-0.083	-0.206**	-0.348*	0.520***	0.076	0.145
	(-1.28)	(-0.89)	(-1.13)	(-2.31)	(-1.83)	(3.25)	(0.47)	(0.54)
Tradeable	0.059*	0.053**	-0.001	0.083*	-0.330*	0.617***	0.045	0.212
	(2.02)	(2.08)	(-0.01)	(1.74)	(-1.85)	(4.71)	(0.26)	(0.78)
Ownership	-0.077	0.037	-0.018	-0.062*	0.014	-0.014	-0.036	-0.006
	(-1.53)	(0.55)	(-1.00)	(-1.88)	(0.39)	(-0.34)	(-1.29)	(-0.14)
Mon	-0.052**	0.032	-0.005	-0.018	-0.014	-0.073***	-0.012	-0.066**
	(-2.37)	(1.24)	(-0.27)	(-0.65)	(-0.43)	(-3.08)	(-0.50)	(-2.39)
Div	0.060	-0.027	-0.022	0.035	0.034	-0.009	-0.030	0.090
	(1.38)	(-0.62)	(-0.61)	(1.62)	(0.60)	(-0.26)	(-0.50)	(1.50)
Lev	0.444**	0.185	0.023	0.054	0.030	0.055	-0.003	0.005
	(2.49)	(1.39)	(0.19)	(0.23)	(1.47)	(1.55)	(-0.13)	(0.18)

(续表)

	过度投资				投资不足			
	(1)	(2)	(3)	(4)	(5)	(6)	(7)	(8)
Opcash	−0.328**	−0.037	0.055	−0.497*	−0.005	0.229	0.002	0.112
	(−2.25)	(−0.29)	(0.27)	(−1.73)	(−0.03)	(1.59)	(0.01)	(0.88)
Grow	0.083***	0.059	0.110***	0.106**	0.022	0.266***	0.077*	0.228***
	(3.23)	(0.99)	(3.51)	(2.28)	(0.44)	(3.38)	(2.03)	(4.57)
Industry	已控制	已控制	已控制	已控制	已控制	已控制	已控制	已控制
Year	已控制	已控制	已控制	已控制	已控制	已控制	已控制	已控制
N	72	69	69	69	32	32	32	32
adj. R^2	0.245	0.065	0.320	0.237	0.169	0.438	0.106	0.702
F	3.233	2.156	3.500	2.520	5.039	13.172	3.701	37.305

注：***、**、*分别表示在1%、5%和10%的水平上显著。表中数据为各自变量的估计系数，括号内的数据为 T 值。T 值已经 Cluster 标准标准误和 White 异方差稳健性修正。回归中不存在需要引起关注的共线性问题。

上述研究结果表明，可转债既能抑制过度投资，也能改善投资不足，从而实现对公司无效投资的双向治理。然而，如前所述，过度投资与投资不足之间的动态联系使得二者存在着相互转化的可能。这意味着对过度投资的制约可能会引起或加剧公司的投资不足，同样的，对投资不足的改善也可能会引起或加剧公司的过度投资。为了缓解对这一问题的担忧，我们也考虑改变对于 Period 的定义，从而考察可转债发行对同一样本公司相邻两期间投资效率变化的影响。具体来说，如果 $t-1$ 年公司存在过度投资或投资不足问题，则令 $t-1$ 年的 Period 取值为 0，而同一样本公司 t 年的 Period 取值为 1。如此改变 Period 的定义后，模型(3.2)的回归结果详见表 3-8。可以看到，变量 Period 估计系数的符号仍然与我们的预期保持一致，在过度投资子样本中始终为负，在投资不足子样本中始终为正。并且，Period 的估计系数除在回归(2)、(7)、(8)中不显著外，在其他回归中均至少在 10% 统计水平上显著。这意味着可转债能够根据公司上年的无效投资类型自动调整其治理方向，并始终驱动发行公司的投资行为向最优投资值靠近，从而实现对于无效投资的双向治理。

但是，有可能随着时间的推移，外部监管日渐严格，公司治理日趋完善，导致无效投资行为在上市公司中存在系统性的下降。此时，也能观测到同样的结果。为了防止这种影响，我们采用配对的方法重新对研究假设进行了检验。鉴于可转债融资失败的公司在投资水平上可能与融资成功的公司之间存在显著性差异，我们采用 PSM 方法对发行可转债的公司配对。表 3-9 和表 3-10 是采用 PSM 配对方法后的实证结果，其中，Issue 表示发行状态。从表 3-9 可知，可转债在发行当期和发行后第二期、第三期对过度投资的制约作用都显著好于配对公司，而对投资不足的改善在发行后的三期均明显更好。因此，可转债能有效地制约过度投资和改善投资不足。

表 3-10 报告了发行可转债的公司根据上一期不同类型的无效投

表 3-8　同一样本公司相邻两期投资效率的变化

	过度投资				投资不足			
	(1)	(2)	(3)	(4)	(5)	(6)	(7)	(8)
Constant	1.180**	−0.210	0.462	0.797	0.385	0.546	0.323	−0.538
	(2.60)	(−0.66)	(1.33)	(1.43)	(0.44)	(1.29)	(0.56)	(−0.76)
Period	−0.144***	−0.040	−0.074**	−0.049*	0.054*	0.135**	0.040	0.049
	(−3.72)	(−1.04)	(−2.27)	(−1.92)	(1.82)	(2.72)	(0.84)	(1.63)
First	−0.099	0.061	0.137	0.062	−0.353*	−0.006	−0.152	−0.393*
	(−1.28)	(0.53)	(1.25)	(0.37)	(−1.93)	(−0.04)	(−1.50)	(−2.09)
Tradeable	0.059*	0.170	0.069	0.082	−0.352*	0.145	0.107	−0.452**
	(2.02)	(1.28)	(0.78)	(0.55)	(−1.98)	(0.94)	(1.03)	(−2.30)
Ownership	−0.077	0.001	0.034	−0.091**	0.013	0.199	0.070	−0.033
	(−1.53)	(0.04)	(0.51)	(−2.53)	(0.37)	(1.41)	(1.39)	(−0.91)
Mon	−0.052**	0.005	−0.025	−0.038	−0.008	−0.033	−0.021	0.047
	(−2.37)	(0.34)	(−1.60)	(−1.47)	(−0.19)	(−1.62)	(−0.79)	(1.39)
Div	0.060	−0.001	−0.095**	−0.095	0.022	−0.074	−0.016	0.013
	(1.38)	(−0.02)	(−2.47)	(−1.07)	(0.29)	(−1.46)	(−0.42)	(0.65)
Lev	0.444**	0.349**	0.092	−0.177	0.024	0.010	−0.001	0.016
	(2.49)	(2.66)	(1.08)	(−1.08)	(0.81)	(0.42)	(−0.03)	(0.55)
Opcash	−0.328**	0.166	0.203	−0.287	−0.027	0.684	0.235*	−0.439
	(−2.25)	(1.35)	(1.31)	(−0.71)	(−0.13)	(1.68)	(1.83)	(−1.71)

(续表)

	过度投资				投资不足			
	(1)	(2)	(3)	(4)	(5)	(6)	(7)	(8)
Grow	0.083***	0.022	0.074*	0.078	0.006	-0.347	-0.021	0.086
	(3.23)	(0.45)	(1.77)	(1.23)	(0.07)	(-1.65)	(-0.58)	(0.85)
Industry	已控制	已控制	已控制	已控制	已控制	已控制	已控制	已控制
Year	已控制	已控制	已控制	已控制	已控制	已控制	已控制	已控制
N	72	69	69	69	32	32	32	32
adj.R^2	0.245	0.014	0.156	0.060	0.099	0.432	-0.029	0.348
F	3.233	3.007	2.036	1.984	2.844	2.999	4.238	3.029

注：***、**、*分别表示在1%、5%和10%的水平上显著。表中数据为各自变量的估计系数，括号内的数据为T值。T值已经Cluster标准误和White异方差稳健性修正。回归中不存在需要引起关注的共线性问题。

表 3-9 可转债对无效投资的双向治理 (PSM 配对方法)

	过度投资				投资不足			
	(1)	(2)	(3)	(4)	(5)	(6)	(7)	(8)
Constant	0.098	0.198***	0.165**	0.196***	-0.157	-0.344***	-0.093	-0.239**
	(1.41)	(3.34)	(2.36)	(2.68)	(-1.40)	(-2.80)	(-1.24)	(-2.05)
Issue	-0.059**	-0.026	-0.055***	-0.085***	0.017	0.061*	0.081***	0.095***
	(-2.11)	(-1.21)	(-2.94)	(-3.05)	(0.61)	(1.70)	(3.39)	(3.03)
First	-0.033	-0.144*	-0.098	-0.115	0.130	0.293**	0.030	0.200
	(-0.46)	(-1.87)	(-1.20)	(-1.29)	(1.18)	(2.52)	(0.35)	(1.56)
Tradeable	-0.080	-0.173**	-0.159**	-0.142	0.097	0.250**	0.011	0.197
	(-0.85)	(-2.15)	(-2.15)	(-1.49)	(0.80)	(2.05)	(0.15)	(1.46)
Ownership	0.010	0.010	0.020	0.026	0.012	0.041	0.041	0.025
	(0.44)	(0.37)	(0.91)	(1.21)	(0.48)	(1.48)	(1.47)	(1.13)
Div	-0.027	-0.036*	-0.028	-0.005	0.003	-0.026**	0.002*	-0.014
	(-0.80)	(-1.84)	(-1.23)	(-0.21)	(0.12)	(-1.99)	(1.76)	(-0.45)
Lev	0.266**	0.150*	0.077	-0.010	0.041	0.118	-0.054	-0.087
	(2.48)	(1.84)	(0.98)	(-0.08)	(0.48)	(1.11)	(-0.72)	(-0.47)
Opcash	0.047	0.020	0.053	-0.332**	-0.017	0.060	-0.066	-0.093
	(0.43)	(0.18)	(0.52)	(-2.21)	(-0.16)	(0.53)	(-0.65)	(-0.83)

(续表)

	过度投资				投资不足			
	(1)	(2)	(3)	(4)	(5)	(6)	(7)	(8)
Grow	0.008	0.012	0.012	0.014	0.036	0.107	0.089	0.063
	(0.88)	(1.35)	(1.36)	(1.38)	(0.96)	(1.42)	(1.52)	(1.66)
Industry	已控制	已控制	已控制	已控制	已控制	已控制	已控制	已控制
Year	已控制	已控制	已控制	已控制	已控制	已控制	已控制	已控制
N	160	150	137	120	85	84	75	69
adj. R^2	0.033	0.042	0.060	0.104	0.029	0.159	0.064	0.298
F	2.144	3.896	2.841	2.297	1.753	2.046	2.685	1.919

注：***、**、*分别表示在 1%、5% 和 10% 的水平上显著。表中数据为各自变量的估计系数，括号内的数据为 T 值。T 值已经 Cluster 标准误和 White 异方差稳健性修正。回归中不存在需要引起关注的共线性问题。

表 3-10 同一样本公司相邻两期投资效率的变化（PSM 配对方法）

	过度投资				投资不足			
	(1)	(2)	(3)	(4)	(5)	(6)	(7)	(8)
Constant	0.098	−0.043	0.106*	−0.052	−0.207**	−0.044	−0.092	0.054
	(1.38)	(−0.50)	(1.76)	(−0.51)	(−2.41)	(−0.50)	(−0.87)	(0.58)
Issue	−0.059**	−0.046*	−0.044**	−0.051*	0.019	0.117***	0.060**	0.088***
	(−2.21)	(−1.91)	(−2.24)	(−1.76)	(0.69)	(3.10)	(2.10)	(2.96)
First	−0.033	−0.019	−0.009	0.139	0.128	0.011	−0.021	−0.091
	(−0.44)	(−0.25)	(−0.12)	(1.09)	(1.41)	(0.13)	(−0.20)	(−0.90)
Tradeable	−0.080	0.090	−0.075	0.148	0.177*	0.010	0.098	−0.118
	(−0.84)	(0.96)	(−1.01)	(1.22)	(1.65)	(0.10)	(0.84)	(−1.23)
Ownership	0.010	0.038*	0.001	−0.011	0.020	−0.021	−0.007	0.005
	(0.39)	(1.78)	(0.04)	(−0.26)	(1.00)	(−0.55)	(−0.27)	(0.24)
Div	−0.027	0.042*	−0.001	−0.001	0.020	−0.001	−0.029	−0.043
	(−0.83)	(1.94)	(−1.19)	(−0.65)	(0.56)	(−0.10)	(−0.97)	(−1.29)
Lev	0.266***	0.325***	0.103	−0.095	0.053	−0.012	−0.070	0.044
	(2.61)	(3.62)	(1.47)	(−0.94)	(0.67)	(−0.15)	(−0.62)	(0.63)

(续表)

	过度投资				投资不足			
	(1)	(2)	(3)	(4)	(5)	(6)	(7)	(8)
Opcash	0.047	0.073	−0.044	−0.398*	−0.042	0.103	−0.088	−0.071
	(0.43)	(0.71)	(−0.42)	(−1.90)	(−0.33)	(1.36)	(−0.79)	(−0.81)
Grow	0.008	0.049	0.068*	0.067**	0.006	−0.016	0.056	0.042**
	(0.80)	(1.40)	(1.79)	(2.10)	(0.18)	(−0.26)	(1.08)	(2.05)
Industry	已控制	已控制	已控制	已控制	已控制	已控制	已控制	已控制
Year	已控制	已控制	已控制	已控制	已控制	已控制	已控制	已控制
N	160	146	119	97	103	103	97	74
adj. R^2	0.033	0.130	0.088	0.062	0.004	0.089	0.010	0.097
F	2.068	3.118	2.488	2.045	1.863	1.864	1.851	1.797

注：***、**、*分别表示在1%、5%和10%的水平上显著。表中数据为各自变量的估计系数，括号内的数据为T值。T值已经Cluster标准误和White异方差稳健性修正。回归中不存在需要引起关注的共线性问题。

资对可转债进行调整的实证结果,即向最优投资趋近。在过度投资的模型中,即回归(1)到回归(4)中,Issue 的系数都小于零,并且在发行当期和发行后三期都表现出比配对公司更强的向最优投资水平调整的能力。而在投资不足的模型中,即回归(5)到回归(8)中,除发行当期外,这种调整能力更显著,除发行当年外,Issue 的系数均在 5% 统计水平上显著,表明发行可转债的公司在上一期投资不足时,更积极地调整投资策略,显著增加投资,向最优投资水平趋近。

3.3.3 稳健性测试

为了获得更稳健的研究结论,我们还执行了以下敏感性分析:第一,为了控制样本中可能存在的异常值对回归结果的影响,我们也采用中位数回归的方法对模型(3.2)进行了重新估计。第二,对于公司的年末现金持有量,Richardson(2006)的模型没有使用现金流量表的数据,而是以年末货币资金和短期投资之和来替代,这可能是由于 Richardson(2006)的研究涵盖了尚未强制要求公司编制现金流量表的期间。因此,我们也考虑使用期末总资产平滑后的现金及现金等价物来衡量公司的年末现金持有量,重新估计 Richardson(2006)的模型。第三,为控制公司再融资行为对公司随后年度资本投资水平的影响,在之前的研究中,我们对 Richardson(2006)的模型进行了修正,加入了表征再融资行为的虚拟变量 F。我们也考虑直接选取 1998—2012 年间所有再融资公司为样本重新估算正常投资水平。上述回归结果都与前述实证发现没有实质性的差异。基于此,前文所述研究结论是比较稳健的。

3.4 本章小结

可转换债券已然成为我国上市公司最重要的融资工具之一。然而,尽管可转债在改善无效投资的方面具有理论上的优良性质,但对其治理功能的实证考察却十分缺乏。区别于现有侧重在横截面上对过度投资的研究(童盼等,2005;魏明海等,2007),一方面,本章着力于考察可转债对公司无效投资行为的双向治理,因而可以避免割裂过度投资与投资不足之间的联系,从而更全面地观测到具体的治理机制与公司投资效率改善之间的关系;另一方面,由于可转债从发行到转换是一个动态演变的过程,这也使我们有机会从一个动态而非静态,时间序列而非横截面的角度去了解其治理功能的作用过程和机理。

我们以 Shleifer 等(1989)的研究为基础,考虑破产威胁对经理层投资决策的影响以及融资与投资决策之间的互动关系,将 Shleifer 等(1989)的分析框架延展于分析可转债对无效投资的治理作用。结果表明,可转债能够实现对公司无效投资的双向治理。

本章随后的实证检验支持了上述理论分析的结论。以 2000—2008 年间我国发行可转债的 52 家非金融类 A 股上市公司为样本,使用 Richardson(2006)模型估计公司过度投资与投资不足的程度,我们讨论了可转债对于公司无效投资行为的双向治理功能。研究发现,可转债的发行能够实现对于公司无效投资行为的双向治理。具体的,无论过度投资或投资不足,与发行前一年相比较,都在可转债发行后得到了明显的矫正。并且,对样本公司相邻两期间投资效率变化的考察表明,可转债能够根据公司上年的无效投资类型调整其治理方向,并始终驱动发行公司的投资行为向最优投资值靠近。

本章为理解融资与投资决策之间的互动联系以及可转债的双向治理功能增添了新的证据和新的知识。同时,本章的研究结论也具有一定的政策含义。既然可转债能够实现对于公司无效投资行为的双向治理,那么,在保持必要监管的基础上适度放开对于公司使用可转债进行融资的政策限制,将有助于提高我国上市公司的整体投资效率。遗憾的是,虽然在融资金额方面可转债已成为我国主要的再融资方式之一,但是发行数量还较少,这将影响研究结论的外部有效性。在分析验证其他嵌含期权性质的再融资方式(比如可分离债等)与可转债发行动机和设计原理差异的基础上,将相似再融资方式的治理功能进行合并比较研究将会是我们进一步拓展的方向。

第4章 可转债与特别向下修正

所谓向下修正转股价格,是指当可转债标的股票价格持续低于转股价格一定幅度并触发了可转债特别向下修正条款时,发债公司有权根据特别向下修正条款中的相关规定调低可转债转股价格的行为。其中,转股价格是指可转债持有人将债券转换为股票时所支付的价格。

可转债不同于纯债,其持有人拥有在转股期内根据发债公司目前绩效和未来的发展前景判断是否转股的选择权利。因股票价格同时包含公司过去和未来的多方面信息,债券持有人常通过比较转股价格与股票价格之间的差异来判断是否转股。当股票价格高于转股价格时,可转债持有人对公司的发展前期持乐观态度,并且能以较低的成本获得股票,更容易将其持有的可转债转换为股票。反之,亦然。

伴随着2004年3月至2005年5月中国股市的持续低迷,以及2007年10月至2008年10月中国股市的大幅下跌,出现了大批可转债转股价格明显高于其标的股票价格的情况,并致使16只可转债22

次向下修正转股价格。[1] 可转债发行公司这种频繁向下修正转股价格的行为引起了媒体的高度关注,[2]普遍认为,可转债的向下修正是基于管理层或者控股股东的自利行为,有损于原有股东尤其是原有少数股东的权益,[3]因而建议废除向下修正条款。[4]

不可否认,当经理层或者大股东采用了不当的经营策略致使公司股价下滑时,其具有基于私利而向下修正可转债转股价格的动机。经理层和大股东都偏好现金流,更倾向于将可转债融资的资金通过转股的方式留在公司。同时,基于股东与经理之间(Jensen 等,1976)、大股东和小股东之间存在严重的代理冲突(Johnson 等,2000),经理层和大股东可能会违背公司价值最大化原则,为了私利而向下修正转股价格。

然而,另一方面,由于可转债的期限较长,外部宏观因素的变化也可能导致股价的下滑,进而使可转债丧失对债权人的激励作用,发债公司也有可能向下修正转股价格以恢复可转债契约的激励效应。债权人和股东之间同样存在代理问题,股东会倾向于投资风险更高的项目,即所谓的资产替代行为(Jensen 等,1976)。而可转债将项目未来的收益与债权持有人共享,即给予债权人转股的选择权,不仅有利于制约股东资产替代的倾向(Green 等,1984),更重要的是激励债权人转股,从而实现发债公司的低成本融资策略。然而,由于可转债转股期较长,易受宏观经济周期波动的影响。当宏观政策导致股市大幅下跌并长期低迷时,基于我国股市同步性程度较高(Morck 等,2000),可

---

[1] 数据来源:Wind 可转债研究数据库。
[2] 参见《转债"烫手"丰原生化三改转股价》,http://biz.163.com/05/0803/13/1Q81VDEE00020QGP.html。
[3] 参见《警惕!可转债侵蚀股东利益 计划发行可转债公司一览》,http://stock.hexun.com/2010-06-13/123974579.html。
[4] 参见陈庆保.应取消可转换公司债券特别向下修正条款.财会月刊(理论),2006,07:25—26。

转债标的股票价格也相应会发生大幅下跌。此时,可转债转股价格高于标的股票价格,使其期权价值处于"虚值"状态,可转债持有人将选择继续持有债券,可转债激励债权人转股的作用消失。为了恢复可转债的激励作用,发债公司必然会向下调整转股价格,使可转债重新处于"实值"状态,这也是可转债特别向下修正条款设计的初衷。

那么,我国的可转债发债公司频繁向下修正转股价格究竟是管理层或者大股东的自利行为,还是基于外部环境变化导致的可转债契约的优化调整?投资者是否能分辨发债公司向下修正的真正动机?这些都是本章试图回答的问题。

4.1 理论分析与研究设计

4.1.1 理论分析

虽然经理人与股东之间的代理问题普遍存在,但其隐蔽性不仅增加了监督的难度,也使其在日常经营中难以被观测。然而,只有当外界环境的突变导致经理人和股东之间可能出现利益冲突时,通过对经理层行为策略的分析,才能更明显地观察到代理问题对公司经营决策的影响。有别于其他契约的内部性,高管股权激励契约由于金额较大,并涉及管理层自身利益而要求公司对其进行较详细的披露,这为从契约视角研究经理层与股东之间的代理问题提供了可能性。当行权价格高于股票价格而使股权激励计划中的期权处于"虚值"时,经理层可以选择向下修正行权价格,也可以选择不作为。经理层在涉及自身利益时的选择策略为我们研究代理问题提供了天然的场所。已有研究发现,行权价格的向下修正是管理层机会主义行为的一种表现。Chance 等(2000)发现,向下修正的公司更多的是代理问题更严重、规模小和内部人控制董事会的公司。Callaghan 等(2004)以股票期权向下修正的择时现象为切入口,发现在股票期权行权价修订后 20 天,样本公司的股票急剧上涨。另外,他们还发现,修订的日期会选择在发布季度盈余好消息之前或者在披露了季度盈余坏消息之后。Carter 等(2004)以美国 1998 年为研究期间,以股票期权处于"虚值"而没有进行修正的公司为配对样本,对期权行权价与经理层更换之间的关系进行了研究,有微弱的证据支持修正影响经理层的替换,经理层达到堑壕目的。

然而,无论是文化背景还是制度环境,我国与西方之间都存在较大的差异。由于我国的薪酬管理致使高管薪酬较低(辛清泉等,2007),经理层转而以比较隐蔽的在职消费作为其补偿机制,致使在职消费在我国普遍存在,并且与公司的规模呈显著正相关(陈冬华等,2005)。因此,当经理层遭遇突发事件可能减少其在职消费时,必然也会有所为,这便为我们从可转债视角研究股东与经理层的代理问题提供了机会。当股票价格持续低于转股价格时,不仅可转债持有人不会转股,到期必然导致现金流出公司,甚至可能触发回售条款,即以比可转债票面价值更高的价格将其卖回给发债公司,致使更多的现金流出公司。此时,偏好自由现金流量的公司经理人为了防止现金的流出,以便继续进行在职消费、建造帝国大厦等私利行为,必然选择以牺牲原股东利益为代价向下修正转股价格,促使可转债成功转股。

在我国,除了经理层和股东之间的代理问题以外,还普遍存在大小股东的代理问题,即大股东掏空小股东(刘峰等,2004;吕长江等,2006;贺建刚等,2008)。一方面,由于我国的上市公司多数以剥离方式上市,同集团公司之间存在天然的联系,为"掏空"留下了途径(邓建平等,2007a;邓建平等,2007b)。另一方面,我国资本市场法制不健全,缺乏对中小投资者保护的法律制度,亦不存在约束惩罚相关责任人的机制,"掏空"的收益显著大于惩罚成本,因此"掏空"屡禁不止(刘峰等,2007)。而超额占用上市公司的资金便是大股东掏空中小股东常用手段之一(李增泉等,2004;郑国坚等,2007),就大股东而言,其更倾向于将现金留在上市公司中,以便有不时之需时实施掏空,实现其控制权私利。由于我国制度环境的不完善,攫取控制权私利的收益小于其可能遭受的处罚成本(李善民等,2009),当股价下跌导致可能触发回售条款或者债权人选择不转股时,大股东理性的选择为向下修正转股价格,以防止资金流出上市公司。鉴于以上分析,我们提出以下研究假设 H1:可转债向下修正是基于管理层或者大股东的自利动机。

但是,鉴于契约的非完备性,随着外界经济环境的变化,契约尤其是长期契约可能失效,经理层与大股东也可能对契约进行修正,使其重新成为有效契约。Saly(1994)用模型证明当遭遇股市大跌后,对股权激励计划中行权价格的向下修正源于恢复经理层薪酬合同的激励效应,使其重新成为最优合同。Carter 等(2001)和 Chidambaran 等(2003)发现对股票期权进行向下修正的公司主要是年轻的、成长性好的小公司。Chidambaran 等(2003)还发现,同堑壕假说相反,向下修正公司具有更高的经理层更换率,因此,他们认为,进行向下修正的目的是恢复激励效应以挽留公司经理层,而不是经理层的自利行为。不同于以激励经理层为目的的股票期权行权价格的向下修正,可转债转股价格向下修正是为了激励债权人转股,以实现公司的低成本最优融资策略。鉴于融资成本的规模效应和代理问题的普遍性,大规模融资虽然能节约融资成本但却容易导致过度投资,而小规模连续融资因其资金的分期供给虽然能抑制过度投资(Shleifer 等,1989),但是融资成本又偏昂贵。然而,理论上而言,可转债却能够调和这两种融资方式,是一种既能够节约融资成本又能够制约过度投资的便利工具(Mayers,

1998)。可转债与直接债融资相比,融资成本更低,同时其可转换性使融资资金分次转换为股票,从而达到与连续融资相似的制约过度投资的效果(Mayers,1998)。但是,可转债的这种优良功能是建立在其可转换性这一特性之上,而可转换的必要条件即可转债的期权价值大于零。只有期权价值大于零,才有可能激励可转债持有人转股;否则,债权人不会转股,资金的连续供给将被打破,必然重新对外融资,公司将承担高昂的融资成本。那么,当外界原因导致股票价格大幅下滑且持续低迷并致使可转债的转股价格高于标的股票价格时,可转债的期权价值为零,可转换性消失,此时,理性的经理层和大股东将向下修正转股价格,恢复可转债对其持有人的激励功能。因此,我们提出以下备择假设 H0:可转债转股价格向下修正是为了恢复其对债权人的激励功能,即优化合同动机。

4.1.2 代理成本的衡量

由于经理层努力程度不可观察,而是否建立帝国大厦也很难从财务报表中分析获得,已有的研究更多关注其在职消费。鉴于管理层的在职消费,比如各种非业务性费用,在会计处理时常计入"管理费用"或"销售费用"科目,故已有的研究通常用将营业收入平滑以后的"管理费用"与"销售费用"之和表征经理层与股东的代理成本(修宗峰等,2010)。但是,上述两类费用主要核算公司日常经营中的管理销售费用,直接用其作为代理成本的表征变量并不合适,只有在扣除了维持公司正常经营后两类费用中多余的部分才能够代表股东与经理层之间的代理冲突。通过费用性态分析,Anderson 等(2007)提出了估算日常经营所需费用(销售费用和管理费用之和)的模型(以下简称 AB-HJ 模型),并获得了广泛的运用(Weiss,2010;万华林等,2010)。鉴于西方发达经济下相同行业工业化程度较一致的背景,ABHJ 模型假定每个行业的固定费用相同;然而,我国由于地区经济差异较大,同一行业中公司工业化程度有较大的差异,即资本密集型公司和劳动密集型公司在费用的固定成本上存在显著差异,万华林等(2010)引入资本密集型和劳动密集型两个代理变量对 ABHJ 模型中的固定成本作了进一步分解。我们在 ABHJ 模型的基础上,借鉴万华林等(2010)对模型固定费用部分的修改,通过如下模型分行业估计正常的管理和销售费用:

$$\frac{SG\&A_{i,t}}{Sales_{i,t-1}} = \frac{A_0}{Sales_{i,t-1}} + A_1 \frac{Depre_{i,t}}{Sales_{i,t-1}} + A_2 \frac{Paystaff_{i,t}}{Sales_{i,t-1}} + A_3 \frac{Sales_{i,t}}{Sales_{i,t-1}}$$

$$+ A_4 \frac{Sales_{i,t}}{Sales_{i,t-1}} * S\_d\_dumy_{i,t} + \xi_{i,t} \qquad 模型(4.1)$$

其中,SG&A 表示管理费用与销售费用之和;Depre 是资本密集程度的代理变量,以公司当年所计提的折旧为表征变量,数据来源于现金流量表附表中"固定资产折旧"项目;Paystaff 表示为职工支付的工资及福利费金额,是劳动密集程度的表征变量,通过现金流量表附表中"支付给职工及为职工支付的现金"项目减去高管人员工资总额计算获得;Sales 表示营业收入;S_d_dumy 是虚拟变量,当本期的营业收入小于上期的营业收入时,取值为 1,否则为 0。同时,为了消除异常值的影响,采用滞后一期的营业收入对模型(4.1)进行了平滑。从模型(4.1)可知,A_0 表示固定费用,A_1 和 A_2 表示资本密度程度和劳动密集程度对固定费用的增量影响,A_3 表示管理和销售费用随营业收入变动的部分,即变动费用;A_4 表示费用的粘性,即当销售下降时,管理和销售费用的下降速度慢于营业收入(Anderson 等,2003)的程度。模型(4.1)中的残差 ξ 表示正常的管理和销售费用之外的费用,其体现的是管理层在正常经营以外的在职消费等费用,我们将其作为管理层与股东之间代理成本的表征变量。

但是,在职消费只是管理层与股东代理冲突的一个方面。鉴于经理层的努力程度不可观察,经理层可以通过消极怠工或者享受更多的闲暇等行为与股东的目标函数相违背。当监督不可行时,为了减少代理问题股东唯有对经理层进行激励,比如,与经理层共享部分未来的利润,这必然增加经理层的薪酬。有效的薪酬激励将减少经理层与股东之间的代理冲突,增加公司价值,故已有的研究将经理层薪酬对公司价值的敏感系数作为代理问题的表征变量(Oritz,2007)。我们也以 PPS 来表示 CEO 薪酬激励的强度,并参照已有研究(Bergstresser 等,2006;Ferreira,2011)的基本思想,使用公司价值与经理薪酬之间的点弹性来衡量。由于我国股票存在流通股和非流通股的分别,我们以公司业绩代替公司价值,而在公司业绩中,ROE(净资产利润率)是再融资等的门槛指标,容易受到较大的操控,因此,我们选取 ROA(总资产利润率)作为公司业绩的表征变量,并通过如下公式计算公司的薪酬业绩敏感系数:

薪酬业绩敏感系数(PPS)

$$= \frac{当期业绩 - 上期业绩}{当期高管薪酬总额 - 上期高管薪酬总额}$$

同时,经理层的权力越大,公司的其他监督制衡机制越容易失效,经理层越有可能影响董事会决策使其偏离公司价值最大化,比如更有可能自定薪酬等(卢锐等,2008),此时,股东与经理层的代理冲突越大。因此,我们也将经理层权力作为股东与经理层代理问题的表征变量。

然而,经理层与股东之间的代理问题只是代理问题的一个方面,我国还普遍存在着大股东与小股东之间的代理问题。一方面,当第一大股东持股比例越高,其越能够控制上市公司的董事会和管理层,掏空小股东的成本越低,更有可能掏空上市公司,损害小股东的利益。另一方面,相应的监督制衡机制将降低大股东控制公司董事会和经理层的能力,形成良好的治理机制,防止其掏空行为(唐跃军等,2006;洪剑峭等,2008),故我们用大股东持股比例和股权制衡度来表征大小股东之间的代理冲突。

4.1.3 优化合同动机的表征变量

衍生于实务界的可转债设计初衷之一便是减轻股东与债权人之间的代理问题,尤其是资产替代问题,即股东投资于风险大于债权人愿承受的风险之上的项目。通过赋予可转债持有人选择转股的期权,可转债不仅能制约股东的资产替代行为(Green,1984),同时可转换性又能激励其持有人通过长期的观察及进一步风险评估后作出转股决定,从而保证资金的连续供给(Mayers,1998)。那么,相对而言,经营波动性较大或者有较大资金需求且融资约束也较大的公司中,股东与债权人之间的代理问题更严重(Lewis等,1998),更倾向于发行可转债。同时,在转股期,可转债持有人也是通过判断公司现有经营风险以及将来可能面临的风险选择是否转股。可见,对经营风险和融资约束的关注,贯穿了可转债设计、发行和转股的整个过程。由于外界宏观原因使转股价格低于标的股票价格时,可转债期权价值处于"虚值"状态,可转债的激励作用消失,相对而言,经营风险和融资约束大的公司更有动力对其进行向下修正,使其重新成为有效合同。因此,我们将经营风险和融资约束风险作为优化合同动机的代理变量。借鉴已有关于风险的研究(Li等,2013),我们选择长期负债比率和资本支出比率作为融资约束风险的代理变量,而绩效波动率和公司股票贝塔值则为经营风险的代理变量。

4.1.4 样本和数据

我们以 2000—2009 年间所有发行可转债的公司为初始样本,剔除金融行业和数据不全的公司,最终样本为 60 家公司。鉴于 70% 已发行可转债的公司在发行后第二年到第三年之间转股比率高达

80%以上，①并且可转债的激励效应仅存在于未转股的可转债中，故我们选取可转债发行当年及发行后三年内的特别向下修正行为作为研究对象。同时，由于可转债条款的设计、转股价格的设定以及向下修正行为受发行前公司股东与经理层的代理冲突、大小股东的代理冲突以及股东与债权人之间的代理问题的影响，因此，我们的研究期间为可转债发行前后三年。另外，我们在稳健性测试中，将研究期间改变为发行当年及发行后三年，研究结论未发生实质性改变。

本章所使用的可转债向下修正的数据和公司财务数据均来自Wind金融研究数据库，公司治理数据、股票日交易行情和市场指数均来自CCER金融研究数据库。最终控制人性质的信息是根据公司公开披露的年报手工收集和整理的。可转债向下修正信息的最早公告日期是根据公司临时公告整理而来的。本章的数据处理全部采用Stata 10.0计量分析软件进行。

4.1.5 模型和变量定义

我们采用如下模型验证可转债发行动机中的管理层或者大股东自利动机：

$$RP_{i,t} = \alpha_0 + \alpha_i * ACost(M\_ACost_{i,t} \text{ or } S\_ACost_{i,t}) + b_i * \sum control_{i,t} + c_i * \text{fixed effect}_{i,t} + \delta_{i,t}$$

模型(4.2)

其中，RP表示可转债发行公司转股价格向下修正行为。我们分别从是否向下修正(RP_Dumy)、向下修正的幅度(RP_Range)和向下修正的频率(RP_Fre)三个角度来衡量。是否向下修正(RP_Dumy)是哑变量，如果在发行后三年有向下修正行为，则赋值为1，

---

① 数据来源：Wind数据库中可转债转股明细。

否则为 0；向下修正的幅度（RP_Range）是指本次转股价格在原转股价格基础上向下调整的比例；向下修正的频率（RP_Fre）是指在发行当年及发行后三年这一期间内，发行公司向下修正可转债的次数。变量 Acost 表示公司的两类代理问题，即股东与经理层的代理问题以及大小股东之间的代理问题。M_Acost 是股东与经理层代理成本的表征变量，我们分别从经理层在职消费（Ab_mse）、薪酬业绩敏感系数（PPS）和经理层权力（Power）三个角度进行衡量；S_Acost 是大股东与小股东代理冲突的表征变量，我们从股权集中度（First）、股权制衡度（Balance）两个角度来衡量。Control 表示控制变量集。由于年限（Age）、公司最终控制人性质（Owner）、公司规模（Size）、成长性（Growth）不仅与公司的两类代理问题相关，而且也影响公司是否向下修正的决策，故我们将其作为控制变量。变量 fixed effect 表示年度和行业的固定效应。我们关注的是系数 a_i 的符号，如其显著为正，则表示向下修正更多的是基于经理层或者股东的自利行为。

如果向下修正是由自利动机所驱使的，那么，我们更感兴趣的是，究竟是管理层还是大股东在向下调整转股价格。我们使用如下模型来验证向下修正的驱动者是管理层还是大股东：

$$RP_{i,t} = \alpha_0 + \alpha_{1i} * \text{M\_agent cost}_{i,t} + \alpha_{2i} \text{S\_agent cost}_{i,t}$$
$$+ b_i * \sum \text{control}_{i,t} + c_i * \text{fixed effect}_{i,t} + \delta_{i,t}$$

模型（4.3）

在模型（4.3）中，我们感兴趣的是系数 a_{1i} 和系数 a_{2i}。如果 a_{1i} 显著而 a_{2i} 不显著，则可认为更多的是管理层为了私利而进行向下修正；反之，则可认为是大股东主导了向下修正行为。如果两个系数都显著，则可施行标准化回归，进一步确定是管理层还是大股东私利动机对向下修正行为的影响更大。

但是，向下修正行为还有可能是公司为了恢复可转债的激励作用

而施行的优化策略。因此,我们也通过如下模型来验证发债公司的向下修正行为是否基于优化合同的动机:

$$RP_{i,t} = \alpha_0 + \alpha_i * contract_{i,t} + b_i * \sum control_{i,t}$$
$$+ c_i * fixed\ effect_{i,t} + \delta_{i,t} \qquad 模型(4.4)$$

其中,contract是优化合同动机的表征变量,我们从经营风险和融资约束风险两个角度对其进行衡量,分别由长期负债比率(LTD)、资本支出比率(CE)、绩效波动率(SD_ROA)和公司股票贝塔值(Beta)表示。

管理层或者股东的自利动机可能会影响向下修正,而优化合同动机也可能是其影响因素之一。但是,如果自利动机和优化合同动机对向下修正行为的影响非均等时,将两者放在同一模型中,影响更大的因素将被突显出来(孙亮等,2008)。我们采用如下模型进一步验证向下修正是基于自利还是基于优化合同动机:

$$RP_{i,t} = \alpha_0 + \alpha_{1i} * ACost_{i,t} + \alpha_{2i} contract_{i,t} + b_i * \sum control_{i,t}$$
$$+ c_i * fixed\ effect_{i,t} + \delta_{i,t} \qquad 模型(4.5)$$

在模型(4.5)中,我们感兴趣的是系数a_{1i}和系数a_{2i}。如果a_{1i}显著而a_{2i}不显著,我们认为向下修正更多的是为了私利;反之,则表示向下修正更多的是恢复其激励效应。如果两个系数都显著,我们则施行标准化回归,进一步确定自利和优化合同动机对向下修正行为的影响程度,并判断向下修正的真实动机。本章所涉及的变量及其衡量方法见表4-1。

表 4-1 变量定义表

变量描述		变量符号	变量说明
被解释变量	向下修正（RP）	RP_Dumy	在可转债发行后三年内如果有向下修正则赋值为 1，否则为 0
		RP_Range	（原转股价格 - 本次修正后的转股价格）/原转股价格
		RP_Fre	在可转债发行后三年内向下修正的次数
解释变量	经理层自利动机（M_Acost）	Ab_mse	非正常管理销售费用，详见 4.1.2
		PPS	（当期 ROA - 上期 ROA）/（当期高管薪酬总额 - 上期高管薪酬总额）；ROA = 息税前利润/年初年末平均总资产
		Power	如果总经理与董事长两职合一，则赋值为 1，否则为 0
	大股东自利动机（S_Acost）	First	第一大股东持股比例
		Balance	第二大股东持股比例/第一大股东持股比例
		LTD	期末长期负债/期末负债总额
	优化合同动机（Contract）	CE	现金流量表中购买固定资产等支付的现金/期末总资产
		SD_ROA	前三年 ROA 的标准差
		Beta	股票的贝塔值
控制变量	年龄	Age	当年年度 - 设立年度
	最终控制人性质	Owner	如果最终控制人是国有公司则为 1，否则为 0
	公司规模	Size	年末资产总额的自然对数
	成长性	Growth	（本年营业收入 - 上年营业收入）/上年营业收入
	行业	Industry	归属于某 CRSC 行业时取值为 1，否则为 0
	年度	Year	归属于某样本年度时取值为 1，否则为 0

4.2 向下修正行为的动机检验

4.2.1 描述性统计

表 4-2 是主要变量的描述性统计。从表 4-2 可以看出,发债公司向下修正的频率具有较大的差异,山鹰纸业(600567)在发行后三年的时间内使用特别向下修正条款修正转股价格高达 6 次。另外,各公司管理层的薪酬业绩敏感系数的标准差也较大,达到 3.33,从最小值 −31.81 到最大值 46.57,表明发债公司之间的薪酬激励和代理成本存在较大的差异。

表 4-2 主要变量的描述性统计

变量	样本	均值	标准差	最小值	最大值
RP_Dumy	357	0.25	0.43	0.00	1.00
RP_Range	357	0.070	0.13	0.00	0.53
RP_Fre	357	0.61	1.07	0.00	6.00
Ab_mse	357	−0.05	0.21	−1.60	0.72
PPS	357	0.11	3.33	−31.81	46.57
Power	357	0.94	0.24	0.00	1.00
First	357	4.44	12.31	0.04	77.23
Balance	357	0.30	0.41	0.00	2.30
LTD	357	0.28	0.21	0.00	0.95
Beta	357	1.04	0.26	0.20	2.25
CE	357	0.11	0.08	0.00	0.62
SD_ROA	357	0.02	0.02	0.00	0.15

表 4-3 描述了关键变量之间的相关关系。从表 4-3 可知,表示经理层自利动机的变量即在职消费(Ab_mse)与向下修正的三个变量都正相关,并且单变量在 10% 水平上显著;而薪酬绩效敏感系数(PPS)同向下修正的三个变量负相关,也表明代理成本大的公司越有可能向下修正。这初步表明经理层自利动机可能会影响向下修正。另外,无

论是表征公司经理层自利动机的变量,还是优化合同动机的变量,同一动机的不同变量之间的相关系数较低,表明我们从不同的角度分别刻画了这两种动机。

表 4-3 主要变量相关系数

	RP_Dumy	RP_Range	RP_Fre	Ab_mse	PPS	Power
RP_Dumy	1					
RP_Range	0.858	1				
RP_Fre	0.667	0.500	1			
Ab_mse	0.0943	0.106	0.090	1		
PPS	-0.019	-0.008	-0.017	0.015	1	
Power	-0.118	-0.0700	-0.026	-0.021	0.008	1
First	-0.003	0.058	-0.164	0.048	-0.0103	0.084
Balance	-0.122	-0.041	-0.198	-0.027	0.0103	0.060
LTD	0.108	0.125	0.127	-0.177	-0.111	0.075
Beta	0.056	0.069	0.100	0.103	-0.115	0.048
CE	0.011	-0.018	0.077	-0.010	-0.041	-0.041
SD_ROA	0.092	0.079	0.047	-0.244	0.0138	-0.086

续表 4-3 主要变量相关系数

	First	Balance	LTD	Beta	CE	SD_ROA
First	1					
Balance	0.079	1				
LTD	-0.151	0.017	1			
Beta	0.174	0.139	-0.089	1		
CE	-0.181	-0.041	0.261	-0.051	1	
SD_ROA	0.277	0.111	0.033	0.029	0.009	1

4.2.2 多元回归结果

表 4-4 是影响向下修正行为的经理层与大股东自利动机的实证结果。由于在股市下跌且持续低迷的时期,可转债的期权更容易处于"虚值"状态,向下修正行为更容易发生,从而导致向下修正行为的群聚现象。群聚现象的存在将使传统检验系数显著性的方法受到挑战,

为了克服其影响,我们借鉴 Chan 等(2011)的做法,用 Cluster 修正回归模型中系数的标准误后进行系数有效性的检验。回归(1)到回归(3)是对经理层自利动机的回归结果,而回归(4)到回归(6)是对大股东自利动机的检验。从表 4-4 中回归(1)到回归(3)可知,薪酬业绩敏感系数(PPS)无论是在采用何种方式衡量的向下修正回归中都在 5%统计水平上显著,而在职消费(Ab_mse)虽然只在以哑变量表征向下修正的回归中显著,但是在回归(2)中也在 15%统计水平上显著,这表明经理层的私利动机显著影响发债公司的向下修正行为。同时,可以发现,除回归(4)外,第一大股东持股比例(First)在回归(5)和回归(6)中,都在 5%水平上显著,且符号为正,表示第一大股东持股比例越大,向下修正的幅度越大,修正的次数越频繁,即大股东自利动机也显著影响向下修正行为。

表 4-4　经理层与股东自利动机的检验结果

	(1) RP_Dumy	(2) RP_Range	(3) RP_Fre	(4) RP_Dumy	(5) RP_Range	(6) RP_Fre
Constant	-3.208	0.683	1.419	-3.952	0.782*	2.041
	(-0.33)	(1.62)	(0.42)	(-0.43)	(1.77)	(0.61)
Ab_mse	5.775**	0.112	1.079			
	(1.98)	(1.34)	(1.57)			
PPS	-0.098***	-0.003*	-0.030**			
	(-2.61)	(-1.99)	(-2.65)			
Power	0.387	0.029	0.088			
	(0.40)	(0.68)	(0.46)			
First				0.100***	0.003**	-0.005
				(3.73)	(2.15)	(-0.57)
Balance				-0.698	-0.022	-0.373
				(-0.74)	(-0.43)	(-1.21)
Owner	-0.382	-0.037	0.113	-0.825	-0.056	-0.058
	(-0.44)	(-0.69)	(0.33)	(-0.81)	(-0.91)	(-0.14)

(续表)

	(1) RP_Dumy	(2) RP_Range	(3) RP_Fre	(4) RP_Dumy	(5) RP_Range	(6) RP_Fre
Age	0.100	0.005	-0.053	0.067	0.004	-0.063
	(0.87)	(0.88)	(-1.39)	(0.45)	(0.62)	(-1.47)
Size	-0.703*	-0.034*	-0.083	-0.616	-0.033	-0.058
	(-1.68)	(-1.79)	(-0.58)	(-1.35)	(-1.62)	(-0.38)
Growth	0.444	0.011	0.065*	0.248	0.006	0.019
	(1.24)	(0.97)	(1.70)	(0.90)	(0.58)	(0.50)
Industry	已控制	已控制	已控制	已控制	已控制	已控制
Year	已控制	已控制	已控制	已控制	已控制	已控制
N	357	357	357	357	357	357
Pseudo R^2/adj. R^2	0.267	0.213	0.216	0.255	0.217	0.205
Wald chi^2/F	97.06	3.74	3.80	92.68	3.90	3.70

注：***、**、*分别表示在1%、5%、10%的水平上显著。表中数据为各自变量的估计系数,括号内的数据为 T 值。T 值已经 Cluster 标准误和 White 异方差稳健性修正。回归中不存在需要引起关注的共线性问题。

从表4-4可知,经理层和大股东都可能为了私利而向下修正转股价格,那么,到底谁是主要的驱动者呢？以下将大股东的自利动机因素放入检验经理层自利动机的模型中,即表4-4的回归(1)到回归(3)中,如果控制了大股东的自利因素以后,经理层的自利动机因素仍显著,表明经理层是向下修正的主要驱动者；如果经理层的自利动机因素不显著了,而大股东的自利因素却显著,则表明大股东是向下修正的驱动者。从表4-5可知,表征经理层自利动机的变量即薪酬业绩敏感系数(PPS)在所有回归中在10%统计水平上显著,而在职消费(Ab_mse)在回归(1)和回归(2)中,也在5%统计水平上显著；同时,所有回归的 VIF 值都小于2,并且表征大股东自利动机的变量都不显著。因此,可以认为,经理层更有可能是向下修正行为的驱动者。

表 4-5 自利动机驱动者检验的回归结果

	(1) RP_Dumy	(2) RP_Range	(3) RP_Fre
Constant	-4.925	0.691	1.402
	(-0.48)	(1.61)	(0.41)
Ab_mse	6.561**	0.118	1.106
	(2.15)	(1.36)	(1.57)
PPS	-0.090***	-0.003*	-0.029**
	(-2.68)	(-1.86)	(-2.38)
Power	0.110***	0.003**	-0.004
	(4.27)	(2.22)	(-0.39)
First	-0.933	-0.021	-0.375
	(-0.94)	(-0.42)	(-1.23)
Balance	0.415	0.028	0.059
	(0.42)	(0.65)	(0.31)
Owner	-0.851	-0.053	-0.032
	(-0.85)	(-0.86)	(-0.08)
Age	0.093	0.004	-0.064
	(0.63)	(0.63)	(-1.51)
Size	-0.744	-0.034	-0.067
	(-1.58)	(-1.66)	(-0.44)
Growth	0.451	0.010	0.055
	(1.32)	(0.82)	(1.41)
Year	已控制	已控制	已控制
Industry	已控制	已控制	已控制
N	357	357	357
Pseudo R^2/adj. R^2	0.306	0.229	0.223
Wald chi^2/F	110.87	3.85	3.77

注：***、**、*分别表示在 1%、5%、10% 的水平上显著。表中数据为各自变量的估计系数，括号内的数据为 T 值。T 值已经 Cluster 标准误和 White 异方差稳健性修正。回归中不存在需要引起关注的共线性问题。

虽然经理层可能为了私利向下修正可转债，但是向下修正转股价格还可能基于恢复合同的激励功能，即优化合同动机。表 4-6 报告了优化合同动机因素对向下修正行为的影响。从表 4-6 可知，向下修正行为与资本支出比率(CE)负相关，并且在所有回归中至少在 10% 统计水平上显著。同时,长期负债比率(LTD)系数也在10%统计水平上显著为正。鉴于资本支出比率(CE)越小表示新形成的有形资产越少,融资风险越大,而长期负债比率(LTD)越大,则表示长期贷款越多,融资风险也越大,表4-6的回归结果表明融资风险越大的公司越有可能向下修正转股价格,即优化合同动机也显著影响向下修正行为。

表4-6 优化合同动机的回归结果

	(1) RP_Dumy	(2) RP_Range	(3) RP_Fre
Constant	0.149 (0.02)	0.843** (2.00)	2.511 (0.90)
LTD	2.473* (1.81)	0.143** (2.26)	1.168* (1.96)
Beta	0.270 (0.34)	0.014 (0.40)	0.305 (1.10)
CE	-7.511** (-2.16)	-0.275** (-2.49)	-1.924* (-1.79)
SD_roa3	9.494 (1.02)	-0.068 (-0.12)	6.284** (2.27)
Owner	-0.387 (-0.41)	-0.037 (-0.73)	0.145 (0.42)
Age	0.054 (0.46)	0.004 (0.74)	-0.065* (-1.74)
Size	-0.661* (-1.90)	-0.037** (-2.08)	-0.109 (-0.86)
Growth	0.277 (1.17)	0.007 (0.69)	0.041 (1.02)
Year	已控制	已控制	已控制
Industry	已控制	已控制	已控制
N	357	357	357
Pseudo R^2/adj. R^2	0.268	0.239	0.242
Wald chi^2/F	97.34	4.10	4.15

注:***、**、*分别表示在1%、5%、10%的水平上显著。表中数据为各自变量的估计系数,括号内的数据为T值。T值已经Cluster标准误和White异方差稳健性修正。回归中不存在需要引起关注的共线性问题。

从表 4-5 和表 4-6 可知,管理层私利和优化合同动机都显著影响发债公司的向下修正行为。那么,在这两类动机中,哪一种更具有主导地位呢?也就是说,在管理层和股东(或者股东与债权人)代理冲突相同的情况下,优化合同(或经理层自利)动机是否仍然显著影响向下修正行为?如果是,则优化合同(或经理层自利)是向下修正的主要动机。表 4-7 报告了验证主导动机的回归结果,回归(1)到回归(3)是一般 OLS 回归结果,而回归(4)到回归(6)是标准化回归结果。从表 4-7 可知,表征管理层私利的变量,即在职消费(Ab_mse)与薪酬业绩敏感系数(PPS),和表征优化合同的变量,即长期负债率(LTD)和资本支出比率(CE),系数都显著不为零,并且符号也同预期一致。这表明管理层私利和优化合同两种动机都显著影响向下修正行为。为了进一步分析两种动机的相对重要性,我们进行了标准化回归,回归(4)到回归(6)为实证结果。在回归(4)到回归(6)中,标准化系数最大值均为管理层自利动机表征变量即在职消费(Ab_mse)的系数,分别为 1.913、0.309 和 0.313,这表明管理层自利动机构成向下修正的首要影响因素。

表 4-7 向下修正主导动机的检验结果

	(1) RP_Dumy	(2) RP_Range	(3) RP_Fre	(4) RP_Dumy	(5) RP_Range	(6) RP_Fre
Constant	−3.744	0.732*	1.700			
	(−0.43)	(1.76)	(0.59)			
Ab_mse	6.509**	0.131	1.182*	1.913**	0.309	0.313*
	(2.01)	(1.53)	(1.76)	(2.01)	(1.53)	(1.76)
PPS	−0.079**	−0.002	−0.018*	−0.264**	−0.041	−0.055*
	(−2.08)	(−0.97)	(−1.75)	(−2.08)	(−0.97)	(−1.75)
Power	0.858	0.039	0.171	0.221	0.080	0.040
	(0.76)	(0.95)	(1.11)	(0.76)	(0.95)	(1.11)

（续表）

	（1）	（2）	（3）	（4）	（5）	（6）
	RP_Dumy	RP_Range	RP_Fre	RP_Dumy	RP_Range	RP_Fre
First	0.111***	0.003**	-0.003	1.294***	0.292**	-0.035
	(4.80)	(2.29)	(-0.38)	(4.80)	(2.29)	(-0.38)
Balance	-0.947	-0.021	-0.347	-0.385	-0.069	-0.127
	(-1.02)	(-0.47)	(-1.26)	(-1.02)	(-0.47)	(-1.26)
LTD	2.631*	0.145**	1.194**	0.568*	0.251**	0.232**
	(1.89)	(2.14)	(2.00)	(1.88)	(2.14)	(2.00)
Beta	0.231	0.018	0.272	0.067	0.042	0.071
	(0.26)	(0.49)	(1.07)	(0.26)	(0.49)	(1.07)
CE	-7.431**	-0.285**	-1.955*	-0.614**	-0.189**	-0.146*
	(-2.51)	(-2.64)	(-1.95)	(-2.51)	(-2.64)	(-1.95)
SD_roa3	0.067	0.004	-0.074*	-0.368	-0.167	0.012
	(0.47)	(0.56)	(-1.88)	(-0.87)	(-0.85)	(0.08)
Age	-0.897	-0.051	0.033	0.123	-0.024	0.112**
	(-0.87)	(-0.85)	(0.08)	(0.50)	(-0.25)	(2.08)
Owner	5.413	-0.133	5.467**	0.318	0.139	-0.316*
	(0.50)	(-0.25)	(2.08)	(0.47)	(0.56)	(-1.88)
Size	-0.807**	-0.037*	-0.101	-0.804**	-0.297*	-0.091
	(-2.03)	(-1.96)	(-0.76)	(-2.03)	(-1.96)	(-0.76)
Growth	0.578*	0.009	0.060	0.436*	0.054	0.041
	(1.70)	(0.70)	(1.24)	(1.70)	(0.70)	(1.24)
Industry	已控制	已控制	已控制	已控制	已控制	已控制
Year	已控制	已控制	已控制	已控制	已控制	已控制
N	357	357	357	357	357	357
Pseudo R^2/adj.R^2	0.347	0.268	0.265	0.278	0.267	0.263
Wald chi^2/F	125.92	4.18	4.13	78.25	4.10	4.04

注：***、**、*分别表示在1%、5%、10%的水平上显著。表中数据为各自变量的估计系数，括号内的数据为T值。T值已经Cluster标准误和White异方差稳健性修正。回归中不存在需要引起关注的共线性问题。

表4-7中标准化回归即回归（4）到回归（6）中系数最大的变量是表征经理层私利因素的在职消费（Ab_mse），次之是表征优化合同因素的资本支出比率（CE）和长期负债率（LTD），再次之为表征经理层

私利的薪酬业绩敏感系数(PPS)。这说明优化合同动机也显著影响向下修正行为,甚至在某些情况下,可能是发债公司向下修正的主要动因。当发债公司融资约束风险较大时,即融资约束较严重,股东和债权人之间的代理冲突较大,向下修正对债权人的激励效应更大,此时向下修正更有可能是优化合同动因所致。同时,当代理成本比较小时,股东与经理层之间的代理问题较小,经理层更有可能从公司价值最大化进行决策,可转债发债公司更有可能为恢复可转债的激励功能而向下修正可转债。

4.3 向下修正行为的经济后果

4.3.1 向下修正行为的经济后果

从上面的分析可知,可转债的向下修正行为更多是基于管理层的私利动机,而在表征管理层私利的变量中在职消费变量的系数不仅显著不为零,并且在标准化回归中也最大。鉴于我国存在的薪酬管制背景(陈冬华等,2005;辛清泉等,2007;辛清泉等,2009),在职消费在我国普遍存在,并且在职消费又同公司规模呈正相关(陈冬华等,2005),自利的管理层通过过度投资扩大公司的规模,从而得以实现更多的在职消费。那么,将会在向下修正的样本中观测到更多过度投资行为,甚至公司业绩的下降。我们借鉴已有的研究(魏明海等,2007;辛清泉等,2007;杨华军等,2007),以 1998—2012年所有上市公司为估算样本,采用 Richardson(2006)的模型估计公司正常的投资水平,并将实际投资水平大于估计投资水平的部分定义为过度投资。但是,鉴于再融资公司投资水平可能异于非再融资公司以及实行向下修正的样本均为可转债发行公司,我们在 Richardson(2006)的模型中加入表征是否再融资的哑变量 F,修订后的

具体模型如下:

$$INV_{i,t} = a_0 + a_1 Grow_{i,t-1} + a_2 Lev_{i,t-1} + a_3 Cash_{i,t-1} + a_4 Age_{i,t-1}$$
$$+ a_5 Size_{i,t-1} + a_6 RET_{i,t-1} + a_7 INV_{i,t-1} + a_8 F_{i,t-1}$$
$$+ \sum Industry_{i,t} + \sum Year_{i,t} + \varepsilon_{i,t} \qquad 模型(4.6)$$

其中,INV 表述当年的新增投资增加额,用年初年末的长期资产之差除以年末总资产计算获得;Grow 表示成长性,用 Tobin Q 值来衡量,即(流通股股数×年末收盘价+非流通股股数×年末每股净资产)/年末总资产;Lev 表示资产负债率,即年末负债总额/年末总资产;Cash 表示现金持有量,即年末现金及现金等价物/年末总资产;Age 表示上市年限;Size 表示规模,即年末总资产的自然对数;RET 表示股票回报率;F 是表征是否再融资的哑变量,如果有再融资则取值为 1,否则为 0;Industry 和 Year 分别为行业和年度的控制变量;ε 则为公司的无效投资水平,当 $\varepsilon > 0$ 时,表示实际投资水平大于预计投资水平,即过度投资,并由符号 Over 表示。

在通过上述模型(4.6)得到发债公司的过度投资水平以后,我们采用如下模型检验向下修正的经济后果:

$$Consequences_{i,t} = \alpha_0 + \alpha_i * RP_{i,t} + b_i * \sum control_{i,t}$$
$$+ c_i * fixed\ effect_{i,t} + \delta_{i,t} \qquad 模型(4.7)$$

其中,Consequences 表示经济后果,用过度投资和总资产回报率(ROA=息税前利润/年初年末总资产)表示,其余变量定义如前。借鉴已有的研究(魏明海等,2007;辛清泉等,2007),检验中还控制了流动股比率(L_R=流通股股数/年末总股数)、融资规模(Mon)、第一大股东持股比例(First)、股权制衡度(Balance)、所有权性质(Owner)、经营现金流量(Opca)、股利支付率(Div)。表 4-8 报告了向下修正行为的经济后果,回归(1)到回归(3)报告了以过度投资作为经济后果的表征变量的结果，回归(4)到回归(6)则是以 ROA 为经济后果的表征变量的结果。从表 4-8 中回归(1)到回归(3)可知，无论是以何种变量表征的向下修正行为的系数都显著大于零，表示向下修正行为会导致过度投资；而以 ROA 表征经济后果的回归中，除回归(6)以外，向下修正的系数显著为负，表明向下修正公司具有更差业绩。

表 4-8 向下修正的经济后果

	(1)	(2)	(3)	(4)	(5)	(6)
	Over	Over	Over	ROA	ROA	ROA
Constant	0.050	0.038	0.061	0.045***	0.048***	0.039***
	(0.94)	(0.71)	(1.23)	(3.59)	(3.69)	(3.11)
RP_Dumy	0.049**			-0.013**		
	(2.01)			(-2.24)		
RP_Range		0.194***			-0.051***	
		(2.81)			(-3.24)	
RP_Fre			0.012			-0.001
			(1.32)			(-0.20)
L_R	0.041	0.046	0.042	0.002	0.001	0.004
	(0.74)	(0.83)	(0.80)	(0.13)	(0.06)	(0.33)
Mon	0.010	0.011	0.010	-0.004**	-0.004**	-0.004**
	(0.87)	(1.00)	(0.95)	(-2.02)	(-2.25)	(-2.29)
First	0.000	-0.000	0.000	0.000*	0.000**	0.000
	(0.01)	(-0.15)	(0.22)	(1.92)	(2.02)	(1.45)
Owner	-0.009	-0.005	-0.015	0.001	0.000	0.004
	(-0.40)	(-0.23)	(-0.69)	(0.20)	(0.06)	(0.54)
Opca	0.109	0.116	0.105	0.195***	0.190***	0.195***
	(1.30)	(1.38)	(1.24)	(3.40)	(3.32)	(3.35)
Div	-0.041*	-0.040*	-0.048*	-0.004	-0.004	-0.003
	(-1.74)	(-1.71)	(-2.00)	(-0.77)	(-0.90)	(-0.63)

(续表)

	(1)	(2)	(3)	(4)	(5)	(6)
	Over	Over	Over	ROA	ROA	ROA
Balance	-0.018	-0.020	-0.018	0.010	0.010	0.012
	(-0.80)	(-1.00)	(-0.80)	(1.25)	(1.37)	(1.42)
Year	已控制	已控制	已控制	已控制	已控制	已控制
Industry	已控制	已控制	已控制	已控制	已控制	已控制
N	208	208	208	327	327	327
adj. R^2	0.038	0.049	0.020	0.303	0.309	0.284
F	2.06	2.97	1.49	8.23	9.34	6.77

注：***、**、* 分别表示在 1%、5%、10% 的水平上显著。表中数据为各自变量的估计系数，括号内的数据为 T 值。T 值已经 Cluster 标准误和 White 异方差稳健性修正。回归中不存在需要引起关注的共线性问题。

4.3.2 向下修正行为的市场反应

从上面的分析可知可转债向下修正更多的是管理层私利的结果，并且这种行为导致显著的过度投资和影响公司的长期业绩。那么，对于投资者而言，他们是否能够看穿发债公司的行为，而给予一定的市场惩罚呢？以下关注向下修正行为事件的短期市场反应。

在进行事件研究时，首先要确定事件日及样本公司。我们将宣告特别向下修正的公司临时公告的公告日确定为本次事件研究的事件日，同时，我们也以最先提出特别向下修正议案的临时公告的公告日为事件日进行了稳健性检验，结论没有发生实质性改变。显然，执行特别向下修正转股价格的公司即为我们此次事件研究的样本。其次，事件研究还必须确定对股票非正常回报率的计算方法。已有研究主要通过均值调整法、市场调整法以及市场模型法这三种方法估算股票的非正常报酬率（刘娥平，2005；牟晖等，2006；方轶强等，2005）。然而，在我国，鉴于使用均值调整法计算的日超常回报率难以控制市场因素的影响以及市场模型法存在更容易拒绝零假说的倾向（孙铮等，2003；陈汉文等，2002），我们参照方轶强等（2005）的做法，采用市场调

整法来衡量股票的非正常回报。具体而言,市场调整法的计算公式如下所示:

$$AR_{i,t} = R_{i,t} - R_{m,t} \qquad 公式(4-1)$$

$$CAR_{t1,t2} = \frac{1}{N}\sum_{i=1}^{N}\sum_{t=t1}^{t2}(R_{i,t} - R_{m,t}) \qquad 公式(4-2)$$

其中,$R_{i,t}$指 t 时点 i 公司的日回报率,即通过 Ln(当日收盘价/上一交易日收盘价)计算获得。$R_{m,t}$指 t 时点的市场回报率,我们分别采用上证综指或深证成指、简单算术平均市场指数以及流通市值加权市场指数三种方法来衡量市场组合的回报率。$AR_{i,t}$为 t 时点 i 公司的日非正常回报率,根据 i 公司所减去的市场回报率不同,分别记为 AR_1、AR_2、AR_3。其中,AR_1表示 i 公司股票回报率减去上证综指或深证成指后计算的非正常回报率;AR_2表示 i 公司股票回报率减去简单算术平均市场指数后计算的非正常回报率;AR_3则表示 i 公司股票回报率减去加权算术平均市场指数后计算的非正常回报率。而($t1$,$t2$)为事件研究期,N为样本数量,$CAR_{t1,t2}$即为事件期内的平均累计非正常报酬率,同理,根据平均累计的基数 AR 的不同,分别对应记为 CAR_1、CAR_2、CAR_3。表 4-9 报告了以特别向下修正临时公告日为事件日的样本公司股票非正常回报。从表 4-9 可知,除 $t = -2$ 有微弱的大于市场回报的显著性外,其余均不显著,这表明投资者并没有能够看穿公司向下修正的主要动机,并没有给予向下修正公司一定的惩罚。这可能是由于管理层私利动机和优化合同动机都同时显著影响向下修正行为,个人投资者分别对两种动机进行市场反应,两种效应的市场反应相互抵消后市场反应反而变得不显著了。

表 4-9　样本公司股票非正常回报

时间/统计量	样本数	CAR₁ 均值	CAR₁ T检验值	CAR₂ 均值	CAR₂ T检验值	CAR₃ 均值	CAR₃ T检验值
$t=-3$	41	-0.189	-0.545	0.000	0.093	0.001	0.309
$t=-2$	41	-0.425	-1.254	0.008	2.218*	0.007	2.037*
$t=-1$	41	0.392	1.410	-0.002	-0.560	-0.003	-0.752
$t=0$	41	0.234	0.843	0.001	0.188	0.001	0.198
$t=+1$	41	0.021	0.110	0.000	0.038	0.000	0.063
$t=+2$	41	0.065	0.172	0.001	0.281	0.000	0.086
$t=+3$	41	-0.382	-1.206	0.007	1.471	0.007	1.571
$T(-1,0)$	41	0.626	1.573	-0.001	-0.115	-0.002	-0.207
$T(0,+1)$	41	0.256	0.665	0.001	0.199	0.001	0.229
$T(-1,+1)$	41	0.647	1.232	-0.001	-0.093	-0.001	-0.175
$T(-2,+2)$	41	0.287	0.431	0.009	0.801	0.006	0.634
$T(-3,+3)$	41	-0.284	-0.345	0.015	1.407	0.014	1.330

注:*表示在10%的水平上显著,**表示在5%的水平上显著,***表示在1%的水平上显著,以上均为双尾检验。CAR₁、CAR₂、CAR₃分别表示采用上证综指或深证成指、简单算术平均市场指数以及流通市值加权市场指数三种方法来衡量市场组合的回报率而求得的累计股票非正常回报。

4.3.3　稳健性测试

鉴于特别向下修正行为必须在触发了向下修正条款后才能够实行,将触发了向下修正条款而没有实施修正的公司作为配对样本进行比较研究可能会获得更多的信息。然而,由于公司向下修正的条款各异,我们首先根据所有发债公司向下修正条款的平均值统一重设了没有执行向下修正行为的发债公司的触发条件,然后将触发了修正条件而没有进行修正的公司选为配对样本。以此对主要的研究假设进行了重新的检验,研究结论没有发生实质性的改变。

同时,我们还改变了主要变量的定义,以进一步测试研究结论的敏感性。由于主检验中计算表征管理层私利的变量在职消费(Ab_mse)采用的是修订以后的 ABHJ 模型,因此,我们也采用 ABHJ(Anderson 等,2007)的原始模型重新计算了在职消费(Ab_mse)变量,并进行了相应的回归检验,主要研究结论仍保持不变。在计算薪酬业绩敏感系数(PPS)时,我们改用前三名高管薪酬总额替代高管薪酬总额重新计算该指标,结论也未发生实质性改变。同时,由于薪酬业绩敏感系数(PPS)的计算需要使用高管薪酬的数据,而该数据在 2002 年以后才开始披露,故我们也在删除该变量以后,重新对主要假设进行了检验,研究结论仍保持不变。另外,为了防止异常值对研究结论的影响,我们对主要变量进行了上下 1% 分位数的 Winsorize 处理后,重新进行了相关的检验,主要研究结论不变。

另外,由于控制权与现金流权之间的分离程度能较好地衡量大股东掏空小股东的可能性(Fan 等,2005),我们将其作为大小股东代理问题的表征变量纳入回归方程。鉴于我国对最终控制人数据在 2004 年才强制要求披露,该变量的加入导致了大量缺失值的产生,参与回归的样本数也大量减少,但研究结论未发生实质性改变。

4.4 本章小结

虽然可转债特别向下修正行为因其可能涉及管理层和大股东私利而备受媒体关注,但是向下修正行为同时也有可能是为了恢复可转债对债权人的转股激励,重新使可转债契约成为有效合同而作出的努力。因两种动机导致的经济后果完全相反,对监管者和投资者而言,区分这两种动机具有重要意义。

我们以 2000—2009 年间发行可转转债的公司为初始样本,并根据是否在发行后三年内有向下修正行为将样本分成向下修正的样本和配对样本。研究中,我们从在职消费(Ab_mse)、薪酬业绩敏感系数(PPS)和高管权力(Power)三个方面衡量了发债公司的经理层与股东的代理冲突,并从大股东持股比例(First)和股权制衡度(Balance)两个方面刻画了发债公司大小股东之间的代理问题,同时从经营风险(绩效波动率 SD_ROA 和公司股票贝塔值 Beta)和融资约束风险(长期负债比率 LTD 和资本支出比率 CE)两个角度对合同优化动机进行衡量,并分析了这些因素对向下修正行为的影响程度和重要性。在控制了其他因素的影响后,研究发现,虽然合同优化动机也显著影响可转债发行公司的向下修正行为,但主导动机却是管理层私利,其中,管理层在职消费因素的影响尤其显著。

另外,虽然本章发现向下修正的可转债发行公司更有可能过度投资,并且公司业绩也更差,但是,就短期而言,投资者并没有对向下修正公司实施市场惩罚。可能的原因之一是管理层私利动机和优化合同动机都同时显著影响向下修正行为,两种相反的效应综合后,研究中难以观察到投资者对管理层私利动机的惩罚效应。另外一个替代性假说则是投资者没有看穿管理层的自利动机,故并未对其行为予以即时的惩罚。鉴于向下修正公司样本较小,无法通过分组测试进一步探索投资者未实施市场惩罚的原因,这也是本章的研究局限。

我们的研究首先为我国可转债向下修正的动因提供了实证支持。可转债发债公司为什么要向下修正可转债转股价格,一直是可转债实务中的热点问题。通过分析管理层和大股东自利因素与优化契约调整因素对可转债向下修正的影响,我们发现,我国的可转债向下修正正如媒体所言,更多的是经理层的自利行为。其次,我们为优化契约设计增添了新的证据。由于企业契约的保密性或者契约的短期性,很难观测到契约是如何随着外部经济环境的变化而变化的。已有研究主要从发达国家高管股权激励计划中行权价格向下修正来着手研究(Chance 等,2000;Callaghan 等,2004;Carter 等,2004),我们则以可转债的向下修正为出发点,发现股东和债权人之间代理成本大的公司,即外界变化导致契约非最优化损失较大的样本,更有可能以优化契约而非自利为动机向下修正转股价格,从而为新兴经济实体中外部环境与契约之间的动态优化关系提供了证据。

第 5 章　可转债与资产替代

20世纪70年代以来,可转债在西方资本市场受到发行公司和投资者的青睐并获得了蓬勃的发展。在2001年,全球十大券商对可转债的承销额甚至超过了对于IPO的承销额。由此,西方学者对公司发行可转债的动机产生了兴趣,也产生了一定的文献积累。其中,代理理论认为,发行可转债能降低股东与债权人之间的代理问题,减少资产替代行为(Green,1984;Lewis等,1998;Lewis等,1999;Gomez等,2005;Krishnaswami等,2008)。并且,鉴于股东和债权人代理冲突在规模小、资产负债率高和成长性高的公司中更为突出,因而,这些公司也更有可能发行可转债(Lewis等,1998)。

虽然国外有大量的文献支持可转债能降低资产替代行为(Green,1984;Lewis等,1998;Lewis等,1999;Gomez等,2005;Krishnaswami等,2008),但是,在我国特殊的制度背景下,基于以下两个方面的原因,可转债是否能够降低股东和债权人之间的代理问题,却还是一个值得探讨的话题。

一方面,我国特殊的监管政策降低了可转债发行公司中股东与债权人之间的代理成本。可转债发行监管的特殊要求使我国可转债发行公司的基本特征异于西方发达国家。具体而言,我国要求单只可转债的发行规模不低于1亿元,并且累计债券余额不能够超过公司净资产额的40%,①这就将规模较小的公司排除在外。同时,对可转债发行后公司资产负债率不高于70%的要求又排除了发行前资产负债率较高的公司。因此,我国可转债的发行公司普遍规模较大,资产负债率相对较低,也并非具有高的成长性。根据已有理论(Lewis等,1998),这些公司中股东与债权人之间的代理问题较小,那么可转债是否还能发挥其效应呢?

另一方面,我国特殊的制度环境又可能会加大股东与债权人之间的代理问题。在我国的可转债发行公司中,国有公司的比例高达80%。而国有公司管理层与股东之间的利益相关度较高,大股东对董事会和总经理的控制和影响力度较大。根据郑国坚(2008)的统计,2000—2005年间我国上市公司中董事长同时在第一股东任职的平均比例高达66%,而总经理同时在第一大股东任职的平均比例也高达18%。股东对经理层的控制越直接有力,越有可能导致资产替代行为,从而加深股东和债权人之间的代理冲突(Bagnani等,1994;Ortiz,2007),可转债的治理效应可能更显著。

那么,在我国这种相互矛盾的制度背景下,可转债是否仍是解决股东和债权人代理问题的良好工具呢?同时,根据可转债转股概率的不同,可以将其分为股性可转债和债性可转债(Beatty等,1985;Kuhlman等,1992;Burlacu,2000),那么,不同特性的可转债是否对公司资产替代行为的制约作用有显著不同呢?这些都是本章将要研究的话题。

---

① 根据国务院证券委员2007年3月1日发布的《可转换公司债券管理暂行办法》整理获得。

5.1 理论分析和研究设计

5.1.1 理论分析

由于目标函数的不同，代理问题普遍存在，而股东与债权人之间代理问题的表现形式之一便是资产替代。债权人的收益为固定利息收入，而股东享有剩余收益索取权，即扣除债权人等契约收益以后的收益。当公司股东投资于风险较大的项目时，基于风险收益呈正比的原则，项目成功后，债权人的收益仍只是固定利息收入，而股东则可以获得较大的剩余收益，故股东倾向于投资风险较大的项目。但是，债权人提供资金的目的是在保障本金安全的基础上获得固定的利息收入，本金的安全是其考虑的首要因素，其要求承担较低的公司风险。债权人和股东对风险的不同偏好便引致了资产替代行为，即公司股东将负债融资资金投资于比债权人愿意承受的风险更高的项目，增加贷款的实际风险，从而降低了该笔负债对债权人的价值，将财富从债权人转移到股东。

在完备市场条件下，理性的债权人将预期到资产替代行为的存在，从而通过事前要求更高的贷款利率等方式使股东承担其资产替代行为的后果。幸运的是，附有期权性质的可转换债券却能够缓解股东和债权人之间的代理冲突，从而达到"双赢"的效果。具体而言，一方面，可转换债券的可转换性能够使债权人分享到投资于高风险项目的收益；另一方面，股东也可以获得较低的贷款利率而不用承担资产替代行为的后果(Jensen 等，1976)。在 Jensen 等(1976)的研究基础上，Green(1984)更直接地讨论了与风险相关的资产替代行为。Green 所构建的理论模型认为，由于可转债中的看涨期权，股东与债权人将共享项目的未来收益，这将减少股东投资于高风险项目的动机，进而制约其资产替代行为。然而,Green 的模型仅考虑了单期情境下股东的行为模式。而 Francois 等(2009)提出,在多期博弈中,如果将股东与债权人之间的代理问题事前设计入可转债条款,必然为两者之间的非合作博弈留下空间,反而不能完全消除资产替代行为。Siddiqi(2009)从风险对股东财富边际贡献的角度证明了可转债对资产替代行为的制约作用,并构建了降低代理成本的最优投资组合。他认为,基于 Black and Schloes 的期权定价模型,风险对股东价值的边际贡献大于零,所以在只使用直接债进行融资时,将必然导致资产替代。而在可转债融资的情况下,风险对股东财富的边际贡献小于或者等于零。因此,将直接债与可转债按一定比例搭配,能使风险对股东的边际贡献等于零,这将完全解决股东与债权人之间的代理问题。Gomez 等(2005)和 Krishnaswami 等(2008)则发现发行可转债的公司一般是成长性较高的公司,而成长性高的公司更容易进行资产替代。从这个角度,他们都推断,可转债能够制约股东的道德风险即资产替代行为。

已有的研究主要从可转债自身性质角度证明其对资产替代的制约作用,然而,虽然可转债的确具有良好的特性,但考虑到股东和经理层才是公司经营决策的最终执行者,因此,这些良好的特性是否发挥作用最终体现于股东或者经理层的行为决策上。故我们借鉴 Siddiqi(2009)的分析框架,从经理层或者股东的投资决策本身及其经济后果视角来证明可转债能有效制约资产替代行为。

假如公司负债为零,投资水平为 I,投资收益 B 是风险 δ 的增函数,项目成功的概率 P 是风险的减函数,即 $P = (1 - \delta)$,则股东的价值为:

$$S = (1 - \delta) * B(\delta) - I \qquad (5.1)$$

对(5.1)式求偏导数,此时,不存在资产替代现象,则:

$$\frac{\partial S}{\partial \delta} = (1 - \delta) * \frac{\partial B(\delta)}{\partial \delta} - B(\delta) \qquad (5.2)$$

如果公司有外部融资需求,采用金额为 D、利率为 r 的负债融资,则股东的价值为:

$$S_D = (1 - \delta) * B(\delta) - I - D * r \qquad (5.3)$$

对(5.3)式求偏导,得:

$$\frac{\partial S_D}{\partial \delta} = (1 - \delta) * \frac{\partial B(\delta)}{\partial \delta} - B(\delta) - \frac{\partial D}{\partial \delta} * r \qquad (5.4)$$

因利息收入固定不变,风险的增加将降低债权的价值,即 $\frac{\partial D}{\partial \delta} < 0$,可得 $\frac{\partial S_D}{\partial \delta} > \frac{\partial S}{\partial \delta}$。存在负债时,风险对股东价值的边际效应更大,而投资成本 C 固定不变,理性的股东选择投资于风险更大的项目,资产替代行为发生。

如果采用可转债融资,融资金额为 CB,即 CB = D,发行总数量为 N 张,假定可转债转股期间,共有 n 张可转债转换为股票,转换比率为 $M(M > 1)$,转换以后的可转债股东占公司所有股东的比例为 M/n,则股东的价值为:

$$S_{CB} = (1 - \delta) * B(\delta) - I - \frac{N - n}{N} CB * r - \frac{M}{n} S_{CB} \qquad (5.5)$$

对(5.5)式求偏导,得:

$$\frac{\partial S_{CB}}{\partial \delta} = \left[(1 - \delta) * \frac{\partial B(\delta)}{\partial \delta} - B(\delta) - \frac{N - n}{N} * r * \frac{\partial CB}{\partial \delta} \right] / \left(1 + \frac{M}{n} \right) \qquad (5.6)$$

因未转股的可转债与一般负债性对风险的敏感度相同,即 $\frac{\partial D}{\partial \delta} = \frac{\partial CB}{\partial \delta}$,通过比较(5.6)式和(5.4)式,可得 $\frac{\partial S_{CB}}{\partial \delta} < \frac{\partial S_D}{\partial \delta}$,即发行可转债后风

险对股东价值的敏感度下降,在成本不变的前提下,理性股东将减少对高风险项目的投资,故提出我们的假设 H1:可转债能降低公司的资产替代行为。

根据前述模型的分析可知,当可转债的转股比例为零时,可转债融资将等同于负债融资,资产替代的概率较大,而当可转债完全转换为股票时,资产替代行为将消失。由此可以推断出,随着转股比例的提高,风险对股东价值提高的边际效应递减。已有研究通过分析可转债条款可以估计出可转债的转股概率,从而将可转债划分为股性可转债和债性可转债(Beatty 等,1985;Kuhlman 等,1992;Burlacu,2000)。偏股性的可转债不仅在条款的设计上更有利于债券持有人,更容易转股,转股比例相对更高,而且转换比例 M 也相对而言更低,即相同融资金额的可转债可以转换为更多的股票,对股权比例的稀释作用更大,可转债股东分享更多的未来收益,理性股东将选择更低的资产替代行为。因此,可以推导出我们的研究假设 H2:股性可转债能更多地制约公司的资产替代行为。

5.1.2 样本选择与数据来源

鉴于我国可转债在 2000 年后才获得较大的发展,我们以 2000 年及之后发行可转债的公司为初始样本,之后依次执行了以下样本筛选程序:(1) 剔除 2008 年 12 月 31 日以后发行可转债的公司。由于我们重点关注可转债对资产替代的制约效应,因此,要求至少可观测到公司发行后三年的资产替代行为,故剔除 2008 年以后发行可转债的公司。(2) 剔除金融行业上市公司,因为这些公司存在行业特殊性。

本章所使用的财务信息全部来自 Wind 金融研究数据库,公司治理信息全部来自 CCER 金融研究数据库,地区市场化程度的数据则来自樊纲等(2011)所编制的中国各地区市场化相对进程报告。本章的数据处理全部采用 Stata 10.0 计量分析软件进行。

5.1.3 研究模型和变量定义

我们采用如下模型检验可转债对资产替代行为的制约作用：

$$\text{Asset\_subs}_{i,t} = A_0 + A_1 \text{Period}_{i,t} (\text{or Issue}_{i,t}) + B_i \sum \text{Control} + \text{fixed effect} + \xi_{i,t} \quad \text{模型(5.1)}$$

其中,Asset_subs 表示公司的资产替代行为。然而,资产替代行为隐蔽性于公司的日常经营中,较难予以直接观测,更难以采用综合的指标对其进行衡量。但是,根据资产替代的定义可知,资产替代的途径是将资金运用于高风险项目中,该行为的后果必将导致公司风险的增加。因此,研究中可以从公司融资资金的使用途径以及公司风险的变动来推断公司的资产替代行为(江伟等,2005;Fang 等,2004;Eisdorfer,2008)。公司融资资金的用途主要为投资,包括固定资产投资、兼并收购以及资本市场投资。因并购和资本市场投资具有较大的不确定性,一般而言,固定资产投资的风险相对较小,故我们将资本支出率(CE)作为衡量资产替代的表征变量。因资本支出率越大表示资产替代行为越小,为了同其他变量方向一致,我们对其取相反数。对于公司风险则主要从经营风险和资本市场风险两个方面来衡量,借鉴已有研究(汤光华等,2006;张敏等,2009;Griffin 等,2010),我们采用业绩波动性(SD_ROA)衡量公司的经营风险,使用股票回报波动率(SD_RET)和股票贝塔值(Beta)衡量公司的资本市场风险。由于我们主要从风险变化角度推断公司的资产替代行为,所以,除公司的规模、成长性、负债比率影响资产替代行为外,公司的业绩、最终控制人性质、成立年限、公司治理和市场化进度也可能对其有重要影响(李涛,2005;江伟等,2005;李琳等,2009;张敏等,2009),我们也对这些因素予以了控制,变量具体定义及相关说明可详见表 5-1。

表 5-1 变量定义表

变量描述		变量符号	变量说明
被解释变量	资产替代（Asset_subs）	CE	−[（期末固定资产原值 − 期初固定资产原值）/ 期末总资产]
解释变量	业绩	SD_ROA	近三年 ROA 的标准差；ROA = 息税前利润/年初年末平均总资产
		SD_RET	股票回报月波动率
		Beta	股票的贝塔值
	期间	Period	发行当年及发行后赋值为 1，可转债发行前年度则为 0
	公司规模	ROA	息税前利润/年初年末平均总资产
		Size	年末资产总额的自然对数
	成长性	Tobin Q	（年末流通股股数 × 年末股价 + 年末非流通股股数 × 年末每股净资产 + 年末负债总额）/ 年末资产账面价值
	资产负债率	Lev	年末负债总额/年末资产总额
	年龄	Age	当年年度 − 设立年度
	最终控制人性质	Owner	如果最终控制人是国有公司则为 1，否则为 0
	股权集中度	First	第一大股东持股比例
	董事会独立性	Did	独立董事人数/董事会总人数
控制变量	市场化进度	Mar	参见 5.2.1 中的描述
	行业	Industry	归属于某 CRSC 行业时取值为 1，否则为 0
	年度	Year	归属于某本年度时取值为 1，否则为 0

不同公司面临不同类型和程度的代理问题,其所设计的可转债条款也必然会对此予以考虑。不同性质的可转债对资产替代行为的制约功能也不相同,我们借鉴已有研究(Beatty 等,1985;Kuhlman 等,1992;Burlacu,2000),将可转债按其特性划分为债性和股性可转债。表 5-2 列示了这三种方法的具体计算公式及相关说明,鉴于 Burlacu(2000)的计算方法相对复杂,单独列示如下:

$$e^{-\delta T}N\left\{\frac{[\operatorname{Ln}(S/B) + (r - \delta + \sigma^2/2)T]}{\sigma T^{1/2}}\right\} \qquad (5.7)$$

其中:δ 是 CB 发行公司的股利收益率,T 是 CB 的期限,S 是 CB 发行公司的股价,B 是转换价格,r 是无风险利率,σ 是 CB 发行公司普通股回报的波动性,$N(\cdot)$ 是标准正态分布的累计概率分布函数。

表 5-2　可转债特性计算公式

作者	指标描述	指标特性
Beatty 等（1985）	赎回价格÷转换价值	指标取值越小,CB 的股性越强
Kuhlman 等（1992）	转换价格÷股票价格	指标取值越小,CB 的股性越强
Burlacu（2000）	见公式(5.7)	指标取值越大,CB 的股性越强

表 5-3 列示了三个指标在计算过程中所涉及变量的定义和计算说明。计算时所使用的股票日回报数据来自 CCER 金融研究数据库,其他数据则全部来自 CSMAR 金融研究数据库。

表 5-3　计算可转债特性的变量定义

作者	一级变量	二级变量	变量定义/数据来源
Beatty and Johnson (1985)	赎回价格		来自 CB 发行条款
	转换价值		转换比例×发行公司股价
		转换比例	100÷转换价格
		发行公司股价	CB 发行前一个月发行公司普通股的收盘价
Kuhlman and Radcliffe (1992)	转换价格		来自 CB 发行条款
	发行公司股价		CB 发行前一个月发行公司普通股的收盘价

(续表)

作者	一级变量	二级变量	变量定义/数据来源
Burlacu (2000)	股利收益率		发行前一年现金股利÷发行前一年末股票收盘价
	发行期限		来自CB发行条款
	发行公司股价		CB发行前一个月发行公司普通股的收盘价
	转换价格		来自CB发行条款
	无风险利率		发行前一年1年期国债收益率
	股票回报波动		发行前(-250,-2)期间内股票回报的标准差

Burlacu(2000)采用三分法划分可转债的股性和债性,即[0,0.33]为债性可转债,[0.34,0.66]为混合性可转债,[0.67,1]为股性可转债。为了便于比较,我们也将使用Beatty等(1985)和Kuhlman等(1992)计算的转换概率采用三分法划分,即下三分位数的为股性可转债,上三分位数的为债性可转债。

5.2 可转债对资产替代行为的制约作用

5.2.1 描述性统计

表5-4提供主要变量的描述性统计,为了消除异常值对回归结果的影响,我们对该指标进行了上下1%分位数的Winsorize处理。经处理后,资本支出比率(CE)的最大值变为0.15,最小值变为-0.84。同时,股票回报月波动率的标准差最大,表明样本中股票回报率的差异较大。另外,表征公司所有权性质的变量Owner的均值为0.8,表示发行可转债的公司国有公司占主导地位,而市场化进度(Mar)最小值为3.1,最大值为11.71,标准差为2.13,表明我国发行可转债的公司样本地区间市场化程度差异较大。

表 5-4　变量描述性统计

变量名称	样本数	均值	中位数	标准差	最小值	最大值
CE	433	-0.110	-0.070	0.130	-0.840	0.150
Beta	433	1.030	1.010	0.270	0.450	1.970
SD_RET	433	2.190	0.110	6.270	0.040	39.600
SD_ROA	433	0.020	0.020	0.020	0.000	0.100
Period	433	0.690	1.000	0.460	0.000	1.000
ROA	433	0.100	0.100	0.050	0.000	0.270
Size	433	22.760	22.710	1.330	20.410	27.560
Tobin Q	433	1.250	1.120	0.370	0.760	2.750
Lev	433	0.510	0.520	0.180	0.110	0.970
Age	433	10.130	10.000	4.610	2.000	21.000
Owner	433	0.800	1.000	0.400	0.000	1.000
Did	433	0.430	0.500	0.180	0.000	0.830
Mar	433	7.730	7.400	2.130	3.100	11.710
First	433	5.140	0.510	13.570	0.060	64.140

表 5-5 是主要变量间的相关系数。从表 5-5 可知,衡量风险的四个变量之间相关系数的最大值仅为 0.211,表示各变量从不同的角度刻画了公司风险。同时,表征可转债发行前后的变量 Period 与股票回报月波动率(SD_RET)、近三年 ROA 的标准差(SD_ROA)负相关。另外,各解释变量之间的相关系数较低,表明回归模型中不存在需要引起关注的共线性问题。

表 5-6 报告了发行前后风险变化的均值检验。从表 5-6 可知,发行后公司的资本支出略有下降。因资本支出率(CE)是从公司资金的使用角度来衡量公司的投资风险,将可转债融资的资金用于固定资产投资等资本支出比投资于股票,进行兼并收购活动等项目的风险相对要小,资本支出率的下降表示公司风险增大,但是 T 检验并不显著。股票 Beta 值在发行前后只有微弱的变化。而以股票月回报波动率(SD_RET)和业绩波动性(SD_ROA)衡量的公司风险则在 1% 的统计水平左右显著,表明可转债的发行可能降低了公司的风险,我们的假设 H1 获得初步证明。

表 5-5　主要变量相关系数

	CE	Beta	SD_RET	SD_ROA	Period	ROA	Age	Lev	Tobin Q	Size
CE	1									
Beta	0.084	1								
SD_RET	0.069	0.248	1							
SD_ROA	-0.257	-0.055	0.059	1						
Period	0.045	0.127	-0.062	-0.146	1					
ROA	-0.087	-0.242	-0.149	0.116	-0.302	1				
Age	0.188	0.265	0.085	-0.037	0.414	-0.390	1			
Lev	-0.024	0.188	0.003	-0.141	0.402	-0.536	0.360	1		
Tobin Q	0.000	0.024	0.030	-0.001	0.003	0.107	-0.100	-0.187	1	
Size	-0.018	0.035	0.019	0.020	0.445	-0.232	0.503	0.526	-0.243	1

表 5-6　发行前后风险的均值检验

panel A:CE					
	样本数	均值	方差	T 值	P 值
发行前	140	0.138	0.009		
发行后	192	0.133	0.007	0.435	0.664
panel B:Beta					
	样本数	均值	方差	T 值	
发行前	140	0.983	0.018		
发行后	192	0.998	0.017	0.612	0.541
panel C:SD_RET					
	样本数	均值	方差	T 值	
发行前	140	1.143	0.464		
发行后	192	0.124	0.004	-2.571	0.011
panel D:SD_ROA					
	样本数	均值	方差	T 值	
发行前	140	0.026	0.003		
发行后	192	0.019	0.001	-2.917	0.004

5.2.2　多元回归

表 5-7 是发行前后风险变动的实证结果。从表 5-7 我们可以看出,除了以资本支出比率(CE)表征资产替代的回归外,其他回归都在至少 5% 的统计水平上显著。表明可转债发行后,公司的资产替代行为呈显著下降趋势。

表 5-7　发行前后资产替代行为变动的实证结果

	(1) CE	(2) Beta	(3) SD_RET	(4) SD_ROA
Constant	0.389*	1.649***	3.672	-0.053
	(1.92)	(3.18)	(0.51)	(-1.42)
Period	0.009	-0.076**	-1.986***	-0.007***
	(0.60)	(-2.27)	(-3.03)	(-2.94)
ROA	0.168	-0.382	-16.260*	-0.048
	(0.79)	(-1.04)	(-1.69)	(-1.06)

(续表)

	(1) CE	(2) Beta	(3) SD_RET	(4) SD_ROA
Age	0.004*	0.009**	−0.284***	0.001
	(1.71)	(2.08)	(−3.70)	(1.09)
Owner	0.011	−0.061	0.205	−0.002
	(0.40)	(−1.04)	(0.28)	(−0.39)
Size	−0.025***	−0.037	−0.073	0.004**
	(−2.85)	(−1.62)	(−0.25)	(2.04)
Lev	−0.132*	0.127	−4.754**	−0.010
	(−1.89)	(1.05)	(−2.11)	(−1.27)
Tobin Q	−0.021	0.003	1.281	−0.001
	(−0.87)	(0.04)	(1.64)	(−0.36)
First	0.002**	0.002	0.012	0.000
	(2.07)	(0.42)	(0.33)	(1.08)
Did	0.081	−0.038	4.310	0.027
	(1.48)	(−0.34)	(1.02)	(1.50)
Mar	0.009*	−0.013	0.071	0.001
	(1.74)	(−0.88)	(0.64)	(0.46)
Year	已控制	已控制	已控制	已控制
Industry	已控制	已控制	已控制	已控制
N	432	432	432	432
adj. R^2	0.111	0.228	0.312	0.147
F	6.938	4.800	21.285	4.443

注：*表示在10%的水平上显著，**表示在5%的水平上显著，***表示在1%的水平上显著。因模型存在不同程度的异方差，因此，我们采用White修正方差对t统计量进行了修正，表内报告的T值即为修正后的结果。

虽然从表5-7可知，发行可转债前后资产替代行为的确有显著减少，但是这种减少可能并不是由于可转债发行事件所致，而只是上市公司的整体趋势。具体而言，随着公司治理水平的整体提高，外部市场监管日趋严格以及各地区市场化进度日益提高，上市公司的资产替代行为可能处于系统性下降的趋势。如果是这样，我们将可转债发行前后的资产替代行为进行比较所得的研究结论就可能是有偏的。

为了消除时间趋势对研究结论的影响,我们采用配对的方法进一步探讨可转债对资产替代行为的制约作用。在第 1 章中,我们提出两种配对方法,一种是 PSM 方法,而采用可转债融资失败公司作为配对样本则是另外一种方法。鉴于资产替代行为是大股东与债权人之间的代理冲突,并且可转债融资成功公司的资产负债率显著高于失败公司,发生资产替代行为的概率相对更大,两类公司的资产替代行为不再具有可比性,故我们采用 PSM 方法进行配对。PSM 配对的方法和原则同前章所述,在此不再赘述。表 5-8 报告了采用 PSM 方法的实证结果,配对比率为 1 配 2,即为每一家可转债发行公司配对两个控制样本。变量 Issue 表示发行状态,发行可转债的公司赋值为 1,配对公司则赋值为 0。其余变量的定义同前。从表 5-8 可知,除回归(4)外,其他回归表示的风险都至少在 10% 的统计水平上显著,说明可转债发行公司的资产替代行为显著小于配对公司。

表 5-8 可转债对资产替代的制约作用(PSM)

	(1) CE	(2) Beta	(3) SD_RET	(4) SD_ROA
Constance	0.386***	1.597***	3.301	0.011
	(2.72)	(4.06)	(0.87)	(0.41)
Issue	−0.024***	−0.032*	−0.026	−0.002**
	(−2.61)	(−1.76)	(−0.22)	(−1.98)
ROA	−0.021	−0.773***	3.924	−0.014
	(−0.24)	(−3.59)	(1.25)	(−0.59)
Age	0.001	0.001	0.034**	0.000
	(1.00)	(0.22)	(2.15)	(0.35)
Owner	−0.001	−0.036	0.227	−0.004**
	(−0.13)	(−1.51)	(1.08)	(−2.13)
Size	−0.021***	−0.029*	−0.328*	0.001
	(−3.45)	(−1.81)	(−1.91)	(0.55)

(续表)

	(1) CE	(2) Beta	(3) SD_RET	(4) SD_ROA
Lev	−0.125***	0.065	2.649**	−0.008
	(−3.63)	(0.86)	(2.47)	(−1.13)
Tobin Q	−0.012	−0.027	0.276	0.003
	(−1.12)	(−0.86)	(0.63)	(1.37)
First	0.001**	−0.004	0.016	−0.000***
	(2.20)	(−1.36)	(0.82)	(−2.95)
Did	0.047	0.176**	−1.769***	0.006
	(1.42)	(2.39)	(−2.87)	(0.91)
Mar	0.005**	−0.008	0.063	−0.000
	(2.28)	(−1.47)	(1.00)	(−0.71)
Year	已控制	已控制	已控制	已控制
Industry	已控制	已控制	已控制	已控制
N	889	725	889	889
adj. R^2	0.158	0.202	0.802	0.092
F	5.957	8.230	66.509	7.706

注：*表示在10%的水平上显著，**表示在5%的水平上显著，***表示在1%的水平上显著。因模型存在不同程度的异方差，因此，我们采用White修正方差对 t 统计量进行了修正，表内报告的 T 值即为修正后的结果。

5.3 可转债特性与资产替代行为

5.3.1 多元回归结果

鉴于偏股性可转债为了促使可转债持有人转股，在转换比例、转股价格等条款的设计上更有利于可转债持有人，老股东与可转债持有人共享未来收益的可能性较大，其进行风险替代的可能性更低。表 5-9 是对股性可转债和债性可转债进行分组回归的结果。表 5-9 中回归(1)、回归(3)和回归(5)报告了债性可转债抑制资产替代行为的实证结果，回归(2)、回归(4)和回归(6)则是股性可转债的结果。从表

5-9 可知,在 Beatty 等(1995)和 Kuhlman 等(1992)方法下,期间(Period)的系数显著为负,除按 Burlacu(2000)方法划分的债性和股性的回归外,其余股性可转债回归中的期间(Period)的系数都更大,并且期间(Period)的组间系数之差显著。

表 5-9 可转债特性对资产替代的影响

	Beatty 等(1995)		Kuhlman 等(1992)		Burlacu (2000)	
	(1) 债性 Beta	(2) 股性 Beta	(3) 债性 Beta	(4) 股性 Beta	(5) 债性 Beta	(6) 股性 Beta
Constance	1.031	0.523	1.841	0.013	2.214	1.509**
	(1.23)	(0.46)	(1.70)	(0.01)	(1.64)	(2.44)
Period	-0.069	-0.176***	-0.061	-0.162***	-0.059	-0.033
	(-0.74)	(-3.14)	(-0.62)	(-3.19)	(-1.22)	(-0.65)
ROA	-2.171**	-0.606	-1.707*	-0.677	-1.836***	-0.689
	(-2.49)	(-0.87)	(-1.89)	(-0.98)	(-3.33)	(-1.10)
Age	0.045*	0.026***	0.033*	0.017**	0.017	0.011*
	(1.86)	(3.85)	(2.00)	(2.29)	(1.32)	(2.06)
Owner	-0.343**	-0.135***	-0.285*	-0.121***	0.015	-0.010
	(-2.43)	(-3.56)	(-1.93)	(-3.52)	(0.14)	(-0.12)
Size	0.025	0.029	-0.026	0.052	-0.056	-0.029
	(0.60)	(0.54)	(-0.52)	(1.29)	(-0.89)	(-0.92)
Lev	-0.866**	-0.482**	-0.585	-0.498**	-0.587**	0.096
	(-2.62)	(-2.87)	(-1.62)	(-2.71)	(-2.44)	(0.56)
Tobin Q	0.124	-0.161	0.090	-0.150	0.075	0.091
	(0.94)	(-1.10)	(0.71)	(-0.97)	(0.52)	(1.10)
First	-0.002	0.011**	-0.005	0.010**	-0.008	-0.003
	(-0.19)	(2.94)	(-0.43)	(2.68)	(-0.72)	(-0.37)
Did	0.132	0.096	0.039	0.153	0.116	-0.194
	(0.88)	(0.58)	(0.25)	(1.05)	(0.74)	(-0.84)
Mar	-0.103	-0.027	-0.040	-0.019	-0.005	-0.023
	(-1.41)	(-1.71)	(-0.87)	(-1.18)	(-0.21)	(-1.50)
Year	已控制	已控制	已控制	已控制	已控制	已控制
Industry	已控制	已控制	已控制	已控制	已控制	已控制

(续表)

	Beatty 等(1995)		Kuhlman 等(1992)		Burlacu (2000)	
	(1) 债性 Beta	(2) 股性 Beta	(3) 债性 Beta	(4) 股性 Beta	(5) 债性 Beta	(6) 股性 Beta
N	132	138	139	147	166	186
adj. R^2	0.201	0.351	0.155	0.340	0.204	0.273
F	3.373	4.946	2.628	5.270	3.135	4.547

注:* 表示在 10% 的水平上显著,** 表示在 5% 的水平上显著,*** 表示在 1% 的水平上显著。因模型存在不同程度的异方差,因此,我们采用 White 修正方差对 t 统计量进行了修正,表内报告的 T 值即为修正后的结果。

5.3.2 稳健性测试

虽然表 5-8 表明,可转债的发行公司较配对公司的资产替代行为更少。但是,也可能存在某种因素导致我们所选择配对公司的风险整体而言一直都小于发行公司,那么我们的研究结论还将是有偏的。为了排除这种替代性假说,我们也检验了发行前三年两组公司在资产替代方面的差异,表 5-10 报告了相应的实证结果。从表 5-10 可知,所有回归中发行状态(Issue)的系数均不显著,发行公司与其配对公司在发行前的资产替代行为并没有显著性的差异。基于可转债的发行无论是在时间序列上的比较还是与配对公司的比较均表明其能制约资产替代行为,我们的研究假设 H1 获得证明。

表 5-10 发行前资产替代的实证结果

	(1) CE	(2) Beta	(3) SD_RET	(4) SD_ROA
Constance	0.092 (0.39)	3.132*** (5.09)	22.610 (1.22)	−0.040 (−1.11)
Issue	−0.022 (−1.60)	0.032 (1.18)	−1.307 (−1.20)	0.003 (1.15)
ROA	0.059 (0.38)	−0.809** (−2.54)	−20.436* (−1.86)	0.039 (1.48)

（续表）

	(1)	(2)	(3)	(4)
	CE	Beta	SD_RET	SD_ROA
Age	0.001	0.002	-0.670***	-0.000
	(0.90)	(0.53)	(-5.01)	(-1.45)
Owner	0.005	0.022	0.455	0.003
	(0.31)	(0.51)	(0.38)	(1.13)
Size	-0.006	-0.093***	-0.633	0.001
	(-0.60)	(-3.66)	(-0.80)	(0.84)
Lev	-0.171***	0.037	-7.463**	-0.006
	(-2.74)	(0.38)	(-2.06)	(-0.80)
Tobin Q	0.021	-0.096	0.748	0.006*
	(0.99)	(-1.29)	(0.50)	(1.81)
First	0.002***	0.005**	0.345***	-0.000
	(3.73)	(2.03)	(5.40)	(-0.76)
Did	0.006	0.043	6.491*	0.021***
	(0.14)	(0.49)	(1.69)	(2.65)
Mar	-0.001	0.011	0.329	0.000
	(-0.15)	(1.18)	(1.15)	(0.74)
Year	已控制	已控制	已控制	已控制
Industry	已控制	已控制	已控制	已控制
N	388	388	388	388
adj. R^2	0.090	0.120	0.138	0.039
F	5.479	3.128	3.366	4.153

注：*表示在10%的水平上显著，**表示在5%的水平上显著，***表示在1%的水平上显著。因模型存在不同程度的异方差，因此，我们采用White修正方差对t统计量进行了修正，表内报告的T值即为修正后的结果。

除采用PSM方法外，我们也考虑使用传统的配对方法重新对研究假设进行验证，以获得更稳健的研究结论。基于资产替代行为是股东与债权人代理冲突的表现形式之一，借款期限越长，资产替代的可能性越大（Lewis，1998），所以，我们采用如下配对原则，即将发行当年同行业中资产长期负债率最接近的两家公司配给发行公司，其中资产负债率＝长期负债÷资产总额。表5-11报告了传统配对方法下配对公司与发行公司资产替代行为的比较结果。从表5-11可知，发行状态

(Issue)在除回归(2)外都至少在5%的统计水平上显著,并且符号也符合预期,表明发行可转债的公司资产替代行为显著少于配对公司。

表5-11 可转债对资产替代的制约作用(传统配对方法)

	(1) CE	(2) Beta	(3) SD_RET	(4) SD_ROA
Constance	0.014	1.346***	11.536*	0.205
	(0.09)	(4.20)	(1.81)	(1.52)
Issue	-0.039***	-0.025	-1.183**	-0.018***
	(-3.31)	(-1.04)	(-2.57)	(-4.78)
ROA	0.012	-0.888***	2.362	0.010
	(0.15)	(-4.18)	(1.11)	(0.07)
Age	0.005***	0.006	-0.208**	0.002*
	(2.89)	(1.56)	(-2.41)	(1.74)
Owner	0.013	-0.018	-0.054	-0.026**
	(0.87)	(-0.55)	(-0.10)	(-2.10)
Size	-0.011**	-0.019	-0.383	-0.010*
	(-2.37)	(-1.40)	(-1.35)	(-1.74)
Lev	0.035	-0.053	-0.490	0.121***
	(1.25)	(-1.35)	(-1.03)	(3.55)
Tobin Q	0.007	-0.010	-0.462	0.011
	(0.67)	(-0.32)	(-1.27)	(0.94)
First	0.002***	0.000	-0.060**	0.001
	(3.38)	(0.15)	(-1.97)	(1.27)
Did	0.040	0.000	-1.006	-0.102***
	(0.96)	(0.00)	(-0.53)	(-2.75)
Mar	0.007**	-0.012*	-0.032	0.004*
	(2.21)	(-1.80)	(-0.25)	(1.87)
Year	已控制	已控制	已控制	已控制
Industry	已控制	已控制	已控制	已控制
N	756	756	756	756
adj. R^2	0.147	0.135	0.285	0.442
F	5.090	3.800	41.737	3.581

注:*表示在10%的水平上显著,**表示在5%的水平上显著,***表示在1%的水平上显著。因模型存在不同程度的异方差,因此,我们采用White修正方差对t统计量进行了修正,表内报告的T值即为修正后的结果。

表 5-12 是发行前发行公司与配对公司资产替代行为的比较结果。从表 5-12 可知,回归(4)中发行状态 Issue 的系数显著为正数,表明发行前发行公司业绩的波动性更大,而从表 5-11 中可知,发行后发行公司的绩效波动性更小,这正说明了可转债对资产替代行为的制约作用。同时,回归(1)到回归(3)中,发行状态(Issue)的系数都不显著,表明发行前两组样本在资本支出率、系统风险和股票回报波动率表征的资产替代上没有显著性的差异。总体而言,发行前配对公司的资产替代行为不显著少于发行公司。

表 5-12 发行前资产替代实证结果(传统配对方法)

	(1) CE	(2) Beta	(3) SD_RET	(4) SD_ROA
Constance	0.082	1.881***	11.492	0.227*
	(0.23)	(3.26)	(0.49)	(1.90)
Issue	-0.016	-0.035	-0.107	0.030***
	(-0.60)	(-0.99)	(-0.07)	(3.69)
ROA	-0.091	-0.435	5.297	0.006
	(-0.62)	(-1.36)	(0.75)	(0.07)
Age	0.008**	-0.002	-1.308***	0.002
	(2.38)	(-0.23)	(-3.71)	(1.07)
Owner	0.050	0.010	1.181	0.004
	(1.64)	(0.20)	(0.65)	(0.35)
Size	-0.019	-0.040*	0.040	-0.018***
	(-1.29)	(-1.66)	(0.04)	(-3.35)
Lev	-0.065**	0.048	-1.936	0.294***
	(-2.16)	(0.98)	(-1.57)	(19.63)
Tobin Q	0.098***	-0.035	2.105	0.015
	(2.64)	(-0.65)	(1.49)	(1.26)
First	-0.012	-0.079	-13.773***	-0.010
	(-0.15)	(-0.59)	(-2.99)	(-0.37)
Did	0.041	-0.079	7.687	-0.007
	(0.56)	(-0.66)	(1.52)	(-0.24)

（续表）

	(1) CE	(2) Beta	(3) SD_RET	(4) SD_ROA
Mar	0.007	0.015	0.086	0.002
	(1.05)	(1.17)	(0.20)	(0.74)
Year	已控制	已控制	已控制	已控制
Industry	已控制	已控制	已控制	已控制
N	301	304	304	304
adj. R^2	0.127	0.222	0.160	0.889
F	2.152	3.276	2.514	65.176

注：* 表示在 10% 的水平上显著，** 表示在 5% 的水平上显著，*** 表示在 1% 的水平上显著。因模型存在不同程度的异方差，因此，我们采用 White 修正方差对 t 统计量进行了修正，表内报告的 T 值即为修正后的结果。

5.4 本章小结

基于我国特殊的监管制度和大股东控制背景，可转债最基本的治理功能，即缓解债权人与股东之间的代理冲突，受到了挑战。本章选取 2000—2008 年间发行可转债的公司为样本，并通过比较发行前后公司的资产替代行为的变化验证了在我国特殊的制度背景下可转债的治理功能。研究发现，可转债能显著地制约公司的资产替代行为，缓解股东与债权人之间的代理问题。为了控制时间趋势所引致的系统性资产替代的减少，我们采用了 PSM 配对方法重新检验了可转债对资产替代的治理效应。研究发现，基于发行前配对公司与发行公司之间的资产替代不存在显著性差异，而可转债发行后，发行公司的资产替代显著少于配对公司，故可转债能显著抑制公司的资产替代行为。因此，我们认为，即使在我国特殊的制度背景下，可转债仍能缓解债权人与股东的代理问题，制约资产替代行为。

我们的研究首先丰富了可转债在治理功能上的研究。已有的研究,主要从可转债的发行动机(Green,1984;Lewis 等,1998;Lewis 等,1999)和公司特征角度(Gomez 等,2005;Krishnaswami 等,2008)采用混合截面回归推断可转债对股东和债权人代理冲突的制约作用,较少直接对其进行检验。我们采用四种衡量方法从资金的使用途径、公司的经营风险和资本市场风险三个角度衡量公司的资产替代行为,从时间序列和混合截面两种方法对我国这样的新型经济实体下的可转债治理功能进行了探讨。其次,我们的研究也为我国股东与债权人代理问题提供了新的证据。已有的研究主要从直接债或者我国的股权性质角度研究我国的股东与债权人之间的代理问题(江伟等,2005),我们则从可转债视角对其进行了检验,并发现可转债能制约公司的资产替代行为。

第 6 章 可转债与经理层激励

近年来,内外部治理工具以及公司内部各治理机制之间的相互关系引起了学者们的广泛兴趣(Cremers 等,2005;Ortiz,2007;郑志刚等,2009;尹志宏等,2010)。只有先分析清楚各种治理工具之间的关系,我们才能够形成切实有效并符合成本效益原则的一整套治理制度。在之前的章节中,我们已经验证可转债能够抑制公司的资产替代和无效投资行为,它是一种有效的治理工具。已有研究发现负债与经理层激励机制之间存在替代关系(Ortiz,2007),那么,作为一种同时具备股票和债券性质的治理工具,可转换债券与公司其他治理机制之间的关系又是怎样的呢?

一方面,可转债是负债的一种类型,因而同样具有负债的特征,例如破产威胁和利息支出导致公司自由现金流量的减少等。负债的这些特征是其作为治理工具的基础之一,其具有的监督效应使其与公司的薪酬激励制度之间存在显著的替代关系(Ortiz,2007),即公司会在使用负债制约经理还是采用薪酬激励经理层之间进行权衡。可转债继承了负债具有的治理功能的所有特征,因此其与薪酬激励之间也可能存在着替代关系。也就是说,此时,可转债的功能更多的是一种对自利行为的制约作用。

另一方面,可转债又不同于负债。负债契约一旦签订,约束条件就固定不变,不管公司经营处于何种状况,除资不抵债外,到期必定要还本付息。然而,可转债却具有选择期权,如果公司经营较好,可转债持有人会将其转换为股票,不仅可转债的负债特性全部消失,而且还能将融资资金留在公司。可转债的可转换性将激发经理以股东价值最大化为目标,其与薪酬激励之间也有可能存在互补关系,即可转债发行以后,增大了薪酬契约的激励效应,促使管理层更努力地工作。因此,可转债与薪酬激励制度之间的关系是一个值得探讨的话题。

6.1 理论分析与研究设计

6.1.1 理论分析

经理层与股东之间的代理冲突普遍存在,而监督和激励是降低该类代理问题的有效途径(Jensen等,1976)。薪酬激励便是经理层激励中最普遍的方式之一,而负债则通过引入债权人监督经理层,通过破产威胁,减少经理层可支配的自由现金流量等制约经理层的自利行为(伍利娜等,2005;童盼等,2005;谢德仁等,2009)。监督和激励是两种互斥的方式,一种方式的存在以另一种方式一定程度的无效为前提,因此两种方式应该是相互替代的关系。作为激励的有效手段之一的薪酬制度与作为监督手段的负债之间存在显著的替代关系(Ortiz,2007)。Ortiz(2007)在验证资本结构与薪酬激励制度时,为了区分权益代理成本假说(即由于负债对经理层与股东的代理问题的治理效应导致的薪酬业绩敏感度下降)和负债代理成本假说(即债权人选择将贷款贷给股东与经理层代理冲突更大的公司,从而观测到更低的薪酬业绩敏感度),将可转债视为降低股东与债权人代理冲突的工具,认为如果观测到可转债对薪酬敏感度具有显著正向的增量作用,则表明薪酬敏感度的下降更多的是负债代理成本假说的结果。但是,可转债不仅能降低视股东与债权的人代理冲突(Green,1984;Gomez 等,2005;Krishnaswami 等,2008),同时也能减少股东与经理层的代理成本,制约其无效投资行为(Isagawa,2000),所以,Ortiz(2007)认为可转债表现出来的对薪酬敏感度的提高也可以视作可转债与薪酬激励制度之间的互补关系。

除具有负债的特性外,作为负债类型之一的可转换债券还拥有可转换性的特征。可转债持有人将根据公司现有的经营状况判断其未来的发展趋势,在转股期内随时作出转股与否的决定。转换后的可转债与股票同股同权,可转债融资资金也随之转变为公司的自有资金。在我国,普遍存在着大股东隧道挖掘行为,而以各种方式占用上市公司的资金则是隧道挖掘的常用手段之一(李增泉等,2004;郑国坚等,2007)。换言之,我国上市公司的大股东偏好上市公司持有更多的现金。鉴于公司业绩是可转债持有人转股与否的重要参考指标,为了促使其早日转股,大股东可能会采用更有效的薪酬激励制度。同时,基于更有效的薪酬激励制度和经理层自由现金流量的偏好(Jensen,1986),可转债发行公司的经理层将更努力地工作。因此,我们提出以下研究假设 H1:可转债发行与薪酬激励制度存在互补关系。

根据可转债的转换概率可以将其分为股性和债性可转债。债性可转债利率较高,转换概率相对更低,但其对股权稀释程度更低,即原股东出售相同的股份却能够融到更多的资金。显然,鉴于债性可转债的持有人对风险的回避程度更高以及债性可转债更高的利息收入,只有公司更好的业绩和未来发展趋势才能促使其转股。更好的业绩要求经理层更努力,也要求有更好的激励和补偿经理层的方案。此时,股东尤其是大股东在制订融资计划和设计可转债条款时,将在以低的股权稀释度而融到足够的资金和经理层更有效的激励之间作出权衡。

高的股权稀释度和低的经理层激励是一种选择,而低的股权稀释度和高的经理层激励则是另外一种选择。在股东选择高的股权稀释度和低的经理层激励时,可转债与经理层激励之间为替代关系;反之,在低的股权稀释度和高的经理层激励组合中,可转债与经理层激励则为互补关系。因此,我们提出以下假设 H2:可转债与经理层激励制度在债性可转债中呈互补关系,而在股性可转债中则为替代关系。

6.1.2 样本选择与数据来源

鉴于我国可转债市场在 2000 年后才获得较大的发展,我们以 2000 年及之后发行可转债的公司为初始样本,并依次执行了以下样本筛选程序:(1) 剔除 2002 年以前及 2008 年以后发行可转债的公司。我们重点关注可转债发行前后对薪酬业绩敏感度的影响差异及长期治理效应,故要求至少有发行前一年的数据和发行后三年的数据。同时,鉴于管理层薪酬数据开始对外披露的时间为 2001 年,故剔除 2002 年以前和 2008 年以后发行可转债的公司。(2) 剔除金融行业上市公司,因为这些公司存在行业特殊性。

本章的样本期间为 2002—2008 年,由于检验过程中需要使用滞后至少一期的数据,所以实际数据期间为 2001—2009 年。本章所使用的财务信息全部来自 Wind 金融研究数据库,公司治理结构信息全部来自 CCER 金融研究数据库,地区市场化程度的数据则来自樊纲等(2011) 所编制的《中国各地区市场化相对进程报告》。本章的数据处理全部采用 Stata 10.0 计量分析软件进行。

6.1.3 研究模型和变量定义

因我们感兴趣的是可转债如何影响经理层的激励效应,故研究中在薪酬业绩敏感度模型的基础上加入可转债发行状态变量及交互项,以验证可转债与经理层激励效应之间的关系,具体模型如下:

$$\mathrm{LN(COMP}_{i,t}) = A_0 + A_1 \mathrm{Performance}_{i,t-1} + A_2 \mathrm{Period}_{i,t}$$

$$+ A_3 \text{Period}_{i,t} * \text{Performance}_{i,t-1}$$

$$+ B_i \sum \text{Control} + \text{fixed effect} + \xi_{i,t} \qquad 模型(6.1)$$

其中,COMP 表示经理层薪酬。我们分别采用高管前三名报酬总额的自然对数、董事会前三名报酬总数的自然对数、董监高前三名报酬总额的自然对数对此进行衡量。

Performance 表示公司的业绩。由于当期薪酬是对上期业绩的评价结果,所以,模型中采用上期的业绩对当期薪酬进行回归。鉴于我国股票的非全流通性和公司考核管理层多以会计指标为主,我们也采用会计指标表征公司的业绩。然而,发行可转债后,融资项目将占用公司较多的资金,而这些项目暂时不具备盈利能力,所以,如果直接将可转债发行前后的会计业绩进行比较可能是不恰当的。我们借鉴《中央公司负责人经营业绩考核暂行办法》计算 EVA 指标时对公司资本成本进行调整的思路,先将暂时不具备盈利能力的资产从总资产中扣除之后,再重新计算会计业绩。具体而言,调整后期末总资产 = 期末资产总额 - 期末在建工程 - 期末工程物资 - 期末开发支出。同时,由于可转债发行后将影响公司的利息支出和 2008 年公司所得税改革也会直接影响公司净利润,故我们采用息税前利润作为会计绩效的分子。具体的,研究中所使用的会计业绩的计算公式为:息税前利润 ÷ 调整后平均总资产。

Period 表示可转债发行的期间,发行前三年均赋值为 0,发行当年及发行后五年则赋值为 1。Period * Performance 是发行期间与公司业绩的交互项。我们感兴趣的是交互项的系数 A_3,如果其显著大于零,表示可转债与经理层激励具有互补影响,即经理层激励效果获得了提高,如果显著小于零,则表示发行可转债降低了经理层的激励效应,即替代关系。

借鉴已有研究(刘凤委等,2007;辛清泉等,2009),我们在回归中控制了可能对经理薪酬产生影响的公司规模、资产负债率、成长性以及董事会独立性等反映公司层面特征的变量。此外,考虑到我国地区市场化进程对经理薪酬可能的影响(辛清泉等,2009),回归过程中也对此施加了控制。变量具体定义及相关说明见表6-1。

表6-1　变量定义表

	变量描述	变量符号	变量说明
被解释变量	薪酬(COMP)	M3salary	高管前三名报酬总额的自然对数
		D3salary	董事前三名报酬总额的自然对数
		T3salary	董监高前三名报酬总额的自然对数
解释变量	业绩(Performance)	Adj_ROA	息税前利润/调整后平均总资产;调整后总资产=总资产－在建工程－工程物资－开发支出
	期间	Period	发行当年及发行后赋值为1,可转债发行前则为0
	交互项	Adj_ROA * Period	业绩×期间
控制变量	公司规模	Size	年末资产总额的自然对数
	成长性	Grow	(当期营业收入－上期营业收入)/上期营业收入
	资产负债率	Lev	年末负债总额/年末资产总额
	股权集中度	First	第一大股东持股比例
	董事会独立性	Did	独立董事人数/董事会总人数
	市场化进度	Mar	地区市场化总指数(樊纲等,2011)
	行业	Industry	归属于某CRSC行业时取值为1,否则为0
	年度	Year	归属于某样本年度时取值为1,否则为0

另外,我们通过将可转债分成债性和股性可转债来检验其特性对经理层激励效应的影响,即验证假设H2。可转债的债性和股性的具体划分方法见第5章可转债与资产替代中的研究设计部分,此处不再赘述。

6.2 可转债与经理层激励制度的关系

6.2.1 描述性统计

表 6-2 是变量的描述性统计,时间窗口为发行前后三年。其中,Adj_ROA 的最小值为 -0.17,系韶钢松山(股票代码 000717)发行后一年的业绩。鉴于可转债的发行条件为公司近三年加权平均净资产利润率不小于 7%,小于零的 Adj_ROA 均为发行后的业绩。另外,因 2005 年以后才对外披露董监高前三名的报酬,故变量董监高前三名的报酬(T3salary)的样本量只有 236 个。变量 Period 的均值为 0.63,大于 0.5,系我们将发行当年的 Period 赋值为 1 所致。表征成长性的变量 Grow 最小值为 -0.83,而最大值却为 13.08,可能存在异常值,为了消除其对研究结论的影响,我们对 Grow 实施了上下 1% 分位数的 Winsorize 处理。经处理后,变量 Grow 的最大值变为 2.605,最小值则为 0.3141。

表 6-2 变量描述性统计

变量名称	样本数	均值	标准差	最小值	最大值	变量名称
M3salary	376	13.38	13.39	0.98	11.07	16.46
D3salary	367	13.27	13.16	1.09	10.47	16.60
T3salary	236	13.75	13.67	0.97	11.20	16.65
Adj_ROA	401	0.17	0.15	0.08	-0.17	0.60
Period	401	0.63	1.00	0.48	0.00	1.00
Size	401	22.52	22.56	1.05	19.77	25.65
Lev	401	0.48	0.50	0.16	0.03	0.78
Grow	401	0.32	0.20	0.77	-0.83	13.08
Did	401	0.45	0.26	0.19	0.00	1.00
Mar	401	7.65	7.52	2.09	2.37	11.71
First	401	0.47	0.48	0.18	0.04	0.85

表 6-3 报告了主要变量的相关系数。从表 6-3 可知,表征管理层

薪酬的三个变量之间的相关系数较高。期间(Period)同所有的管理层薪酬变量均呈正比,并且均值检验都在1%的水平上显著,这表明可转债发行后,管理层的薪酬获得了显著的提高。同时,期间(Period)与业绩的表征变量(Adj_ROA)却呈负相关,并且也在1%统计水平上显著,表明可转债发行后公司业绩有明显下滑。在没有控制其他因素的影响下,期间与业绩的交互项(Adj_ROA * Period)与薪酬变量在至少10%统计水平上正相关,表明可转债的发行可能有助于薪酬的激励作用的发挥。

表6-3 主要变量间相关系数

	M3salary	D3salary	T3salary	Adj_ROA	Period	Adj_ROA * Period
M3salary	1					
D3salary	0.889	1				
T3salary	0.960	0.900	1			
Adj_ROA	-0.059	-0.049	-0.119	1		
Period	0.353	0.276	0.326	-0.222	1	
Adj_ROA * Period	0.229	0.181	0.105	0.383	0.674	1

6.2.2 多元回归分析

表6-4报告了发行前后激励效应的比较结果,所有回归调整的R^2都在53%以上,F统计检验量也在17.862以上,表明不存在显著的模型设定问题。从表6-4可以发现,所有回归中期间与业绩的交互项(Adj_ROA * Period)的系数都不显著,表明可转债发行前后薪酬激励效应并没有获得显著变化。这可能是可转债发行后公司的业绩普遍下滑使薪酬业绩敏感度下滑所致。从描述性统计表6-3可知,即使我们对可转债发行后业绩的衡量进行了调整(Adj_ROA),但仍表现为下滑趋势。

表 6-4　发行前后激励效应的比较

	（1）	（2）	（3）
	M3salary	D3salary	T3salary
Constance	1.784	2.885**	2.165
	(1.55)	(1.99)	(1.36)
Adj_ROA	1.079	0.291	0.733
	(1.41)	(0.30)	(0.55)
Period	-0.013	-0.177	0.046
	(-0.08)	(-0.89)	(0.19)
Adj_ROA * Period	-0.244	0.551	-0.273
	(-0.28)	(0.46)	(-0.19)
Size	0.528***	0.521***	0.553***
	(10.47)	(8.41)	(8.61)
Lev	-0.413	-1.061***	-0.774***
	(-1.61)	(-4.00)	(-2.97)
Grow	-0.040	-0.036	-0.043
	(-1.33)	(-0.79)	(-1.36)
Did	0.323	-0.129	0.348
	(1.13)	(-0.28)	(0.69)
Mar	0.003	0.006	-0.039
	(0.14)	(0.21)	(-1.64)
First	-0.102	0.043	0.037
	(-0.41)	(0.14)	(0.12)
Year	已控制	已控制	已控制
Industry	已控制	已控制	已控制
N	376	367	236
adj. R^2	0.683	0.538	0.683
F	32.830	27.051	17.862

注：* 表示在 10% 的水平上显著，** 表示在 5% 的水平上显著，*** 表示在 1% 的水平上显著。因模型存在不同程度的异方差，因此，我们采用 White 修正方差对 t 统计量进行了修正，表内报告的 T 值即为修正后的结果。

但是,随着时间的推移,我国市场化进度也在不断提高,而市场化进度的提高,也将显著影响薪酬业绩的敏感性(辛清泉等,2009)。为了克服由于时间趋势可能导致的对研究结果的影响,我们采用配对的方法重新检验我们的研究假设。鉴于薪酬具有一定的粘性(方军雄,2009;张敏等,2010),可转债发行成败对管理层薪酬影响较小,为了减弱可转债研究中的自选择问题,我们采用可转债融资失败的公司为配对样本,进一步检验可转债发行对管理层的激励效应。表 6-5 中的 Issue 表征发行状态,可转债融资成功则赋值为 1,否则赋值为 0;Adj_ROA * Issue 则表征公司业绩与发行状态的交互作用。其他变量的定义同前。我们关注的是交互项(Adj_ROA * Issue)的系数。从表 6-5 可知,交互项(Adj_ROA * Issue)的系数仍然不显著,表明发行可转债并没有对经理层激励起到额外的促进作用或者替代作用。

表 6-5 可转债对经理层的激励效应(配对比较)

	(1) M3salary	(2) D3salary	(3) T3salary
Constance	13.553***	3.536***	8.017**
	(4.81)	(3.50)	(2.38)
Adj_ROA	1.136***	0.840***	0.971***
	(4.30)	(2.95)	(2.92)
Issue	-0.073	-0.389***	-0.238**
	(-0.74)	(-2.89)	(-2.14)
Adj_ROA * Issue	0.069	0.605	-0.050
	(0.14)	(0.82)	(-0.09)
Size	0.401***	0.405***	0.490***
	(11.05)	(8.42)	(11.29)
Lev	-0.305	-0.539***	-0.481**
	(-1.63)	(-2.70)	(-2.30)
Grow	0.076	0.094	0.131*
	(1.15)	(1.13)	(1.85)

(续表)

	(1) M3salary	(2) D3salary	(3) T3salary
Did	0.336	0.081	0.219
	(1.65)	(0.33)	(0.86)
Mar	0.086***	0.093***	0.068***
	(5.52)	(5.33)	(3.79)
First	-0.645***	-0.345	-0.379
	(-3.48)	(-1.50)	(-1.61)
Year	已控制	已控制	已控制
Industry	已控制	已控制	已控制
N	684	685	474
adj. R^2	0.552	0.445	0.518
F	27.321	18.169	17.955

注：* 表示在10%的水平上显著，** 表示在5%的水平上显著，*** 表示在1%的水平上显著。因模型存在不同程度的异方差，因此，我们采用White修正方差对 t 统计量进行了修正，表内报告的 T 值即为修正后的结果。

6.3 可转债特性、融资约束与经理层激励

6.3.1 多元回归结果

可转债对经理层具有激励效应的基础在于其可转换性，即可转债持有人通过观察可转债发行后公司的表现而决定是否转股。根据可转债转股概率的不同，可以分成不同特性的可转债，即股性、债性和混合型。可转债的不同特征可能与薪酬激励制度之间的关系完全相反，这将可能导致在总样本中观测不到两者之间的显著关系，即表现为表6-4的结果。因此，我们根据Beatty等(1985)、Kuhlman等(1992)和Burlacu(2000)三种方法计算可转债的转股概率，并划分可转债特性，即划分为股性可转债和债性可转债。具体而言，我们根据Beatty等(1985)、Kuhlman等(1992)，将上三分之一分位数划分为债性，下三分

之一分位数划分为股性,而 Burlacu(2000)的方法则是将转股概率在[0,0.33]区间的可转换债券划分为债性,[0.67,1]区间的可转债则划分为股性。① 表 6-6 是可转债特性与经理层激励关系的实证回归结果。回归(1)、回归(3)和回归(5)是债性可转债的回归结果,回归(2)、回归(4)和回归(6)则是股性可转债的回归结果。从表 6-6 可知,在债性可转债的回归中,业绩与期间的交互项(Adj_ROA * Period)系数都为正数但不显著;而在股性可转债的回归中,除回归(2)以外,业绩与期间的交互项(Adj_ROA * Period)系数则显著为负数,表明可转债与经理层激励制度为替代关系。通过系数的组间差异比较,研究发现,除以 Beatty 等(1985)方法计算的可转债特征分组外,其余方法分组中,债性可转债和股性可转债的系数差异在至少 5%统计水平上显著,表明债性可转债对股性可转债的激励效应即互补效应显著更高。我们的假设 H2 获得部分证明。

虽然在表 6-6 中,发行状态与业绩的交互项(Adj_ROA * Issue)系数不显著,但有可能是由于回归中存在交叉项,导致解释变量之间的相关性较高所致或者可转债在不同类型公司中作用相反所致。以下将通过分组回归以减弱交叉项引致的解释变量间较高的共线性对回归结果的影响。鉴于可转债与经理层激励制度为互补关系的前提为经理层和大股东更偏好持有现金和避免再融资时的监管,那么,融资约束更大的公司,经理层和大股东更有希望将可转债融资的资金留在公司,故发行可转债对经理层的激励效应应该更显著,即互补关系更明显。而对于融资约束比较小的公司,因资金更容易获得,公司自有现金流量也比较充沛,股东尤其是大股东更希望借助可转债的监督制约功能减少经理层的自利行为,同时减少薪酬激励,故可转债与经理层

---

① 可转债股性和债性的划分的具体方法和讨论见第 5 章可转债与资产替代中的研究设计部分。

表 6-6 可转债特性对经理层激励效应的影响

	Beatty 等(1985)		Kuhlman 等(1992)		Burlacu(2000)	
	(1) 债性 M3salary	(2) 股性 M3salary	(3) 债性 M3salary	(4) 股性 M3salary	(5) 债性 M3salary	(6) 股性 M3salary
Constance	4.296** (2.54)	4.489 (1.57)	3.732* (1.86)	-1.549 (-0.86)	8.150*** (5.42)	-5.542*** (-3.90)
Adj_ROA	-2.438 (-1.47)	1.647 (1.49)	-2.023 (-1.21)	1.931** (2.11)	-1.402 (-1.21)	2.529*** (2.64)
Period	-0.127 (-0.38)	0.126 (0.41)	-0.271 (-0.81)	0.484** (2.28)	-0.295 (-1.21)	0.401* (1.83)
Adj_ROA * Period	0.733 (0.44)	-1.868 (-1.40)	1.871 (1.08)	-3.105*** (-3.16)	1.743 (1.49)	-2.706** (-2.49)
Size	0.347*** (4.58)	0.417*** (3.43)	0.392*** (4.64)	0.636*** (7.59)	0.218*** (3.17)	0.843*** (11.46)
Lev	-0.307 (-0.45)	0.373 (0.88)	-1.048 (-1.64)	0.786** (2.10)	-1.664*** (-3.18)	0.142 (0.39)
Grow	-0.093 (-0.67)	-0.081 (-0.86)	-0.066 (-0.50)	-0.174** (-2.47)	-0.012 (-0.09)	-0.040* (-1.90)

(续表)

	Beatty 等(1985)		Kuhlman 等(1992)		Burlacu(2000)	
	(1) 债性 M3salary	(2) 股性 M3salary	(3) 债性 M3salary	(4) 股性 M3salary	(5) 债性 M3salary	(6) 股性 M3salary
Did	0.456 (0.70)	0.525 (1.48)	0.168 (0.26)	0.101 (0.29)	0.326 (0.55)	0.421 (1.20)
Mar	0.323*** (4.35)	−0.127** (−2.10)	0.136*** (3.21)	−0.023 (−0.54)	0.094*** (3.04)	−0.080** (−2.43)
First	−0.955 (−1.53)	0.125 (0.15)	−0.637 (−1.06)	0.983*** (2.86)	−0.270 (−0.73)	−0.403 (−1.00)
Year	已控制	已控制	已控制	已控制	已控制	已控制
Industry	已控制	已控制	已控制	已控制	已控制	已控制
N	124	113	123	117	141	164
adj. R^2	0.680	0.739	0.569	0.803	0.699	0.818
F	16.439	28.281	14.307	44.866	22.980	39.294

注：* 表示在 10% 的水平上显著，** 表示在 5% 的水平上显著，*** 表示在 1% 的水平上显著。因模型存在不同程度的异方差，因此，我们采用 White 修正方差对 t 统计量进行了修正，表内报告的 T 值即为修正后的结果。

激励之间的替代效应可能会更加显著。为了控制分组后小样本使研究结论不稳健的影响,我们采用包含配对公司的样本进行分组研究。借鉴已有的研究(王彦超,2009),我们通过最终控制人性质、设立年限和公司规模三个角度来衡量公司的融资约束。基于薪酬在央企、地方国企和民企间存在显著差异(辛清泉等,2009),我们将最终控制人性质按这三种性质细分成三组。设立年限和公司规模则按照中位数进行分组,即设立年限(公司规模)中位数以上的样本归入年限长(规模大)的样本组,中位数以下的样本则归入年限短(规模小)的样本组。表6-7只报告了以高管前三名薪酬(M3salary)为解释变量的实证结果,采用其他表征薪酬的代理变量时,研究结论不变。从表6-7可知,在以所有权性质表征融资约束的回归中,即回归(1)到回归(3),交互项($Adj\_ROA * Issue$)的系数呈逐渐上升的趋势。具体而言,在回归(1)中,交互项($Adj\_ROA * Issue$)的系数显著为负,表明在央企中可转债的发行显著降低了薪酬的激励效应;而在民营公司中,交互项($Adj\_ROA * Issue$)的系数却为正数且显著。回归(1)与回归(3)交互项($Adj\_ROA * Issue$)的系数之差为5.771,T值为3.872,在1%统计水平上显著。回归(1)与回归(2)交互项($Adj\_ROA * Issue$)系数之差也在1%统计水平上显著。回归(2)与回归(3)交互项($Adj\_ROA * Issue$)系数之差不显著。在以设立年限为融资约束的表征变量中,回归(4)是年限长即融资约束小的公司进行的回归,其交互项($Adj\_ROA * Issue$)系数为不显著的负数;但在回归(5)中,即融资约束小的公司中,交互项($Adj\_ROA * Issue$)系数显著为正数,并在1%统计水平上显著。回归(4)和回归(5)的交互项($Adj\_ROA * Issue$)系数之差也在5%水平上显著,表明在相对年轻的公司中,发行可转债能增强经理层激励。在以规模表征融资约束的回归中,融资约束大的样本组,即回归(6)中交互项的系数在1%统计水平上显著为负数;而在

表 6-7 融资约束对经理层激励效应的影响

	所有权性质			设立年限		公司规模	
	(1) 央企 M3salary	(2) 地方国企 M3salary	(3) 民企 M3salary	(4) 年限长 M3salary	(5) 年限短 M3salary	(6) 规模大 M3salary	(7) 规模小 M3salary
Constance	14.261* (1.87)	6.294*** (5.67)	3.583*** (2.69)	3.371*** (3.04)	4.960*** (3.75)	13.712*** (3.86)	5.881*** (2.63)
Adj_ROA	1.427** (2.64)	0.651*** (2.61)	1.473*** (3.53)	1.897*** (4.74)	0.383 (1.59)	2.611*** (6.82)	0.475** (2.46)
Issue	−0.643** (−2.02)	−0.054 (−0.47)	−1.020*** (−3.11)	0.131 (0.93)	−0.450*** (−3.04)	0.269** (2.11)	−1.022*** (−5.45)
Adj_ROA * Issue	−2.485*** (−3.30)	0.107 (0.21)	3.286* (1.87)	−0.509 (−0.77)	1.609** (2.11)	−1.752*** (−3.14)	4.094*** (3.77)
Size	0.555*** (5.76)	0.316*** (6.13)	0.415*** (6.60)	0.404*** (7.83)	0.405*** (6.79)	0.505*** (9.60)	0.271** (2.52)
Lev	−1.062 (−1.37)	−0.640*** (−3.01)	−0.262 (−0.80)	−0.019 (−0.08)	−0.997*** (−4.01)	−0.022 (−0.09)	−0.504* (−1.86)
Grow	0.080 (0.92)	−0.055 (−0.61)	0.182 (1.52)	0.159** (2.37)	0.030 (0.24)	0.014 (0.20)	−0.019 (−0.17)

(续表)

	所有权性质			设立年限		公司规模	
	(1) 央企 M3salary	(2) 地方国企 M3salary	(3) 民企 M3salary	(4) 年限长 M3salary	(5) 年限短 M3salary	(6) 规模大 M3salary	(7) 规模小 M3salary
Did	0.295	0.234	−0.014	0.794**	−0.022	0.125	0.126
	(0.69)	(0.88)	(−0.05)	(2.16)	(−0.08)	(0.54)	(0.46)
Mar	0.119***	0.125***	0.148***	0.073***	0.096***	0.040**	0.117***
	(4.78)	(5.40)	(4.06)	(3.42)	(4.03)	(2.04)	(5.47)
First	−0.864**	−0.017	−1.592***	−0.784***	−0.757***	−0.766***	−0.664**
	(−2.05)	(−0.07)	(−4.61)	(−3.04)	(−2.72)	(−3.32)	(−2.18)
Year	已控制	已控制	已控制	已控制	已控制	已控制	已控制
Industry	已控制	已控制	已控制	已控制	已控制	已控制	已控制
N	104	377	188	371	313	399	285
adj. R^2	0.841	0.573	0.639	0.548	0.600	0.621	0.476
F	21.958	17.294	12.820	15.497	16.095	22.746	9.590

注：* 表示在10%的水平上显著，** 表示在5%的水平上显著，*** 表示在1%的水平上显著。因模型存在不同程度的异方差，因此，我们采用White修正方差对 t 统计量进行了修正，表内报告的 T 值即为修正后的结果。

融资约束小的样本组,系数却为正数,且在1%统计水平上显著。回归(6)和回归(7)的交互项系数之差也在1%统计水平上显著,表明发行可转债对经理层的激励效应在小公司比在大公司更为显著。总体而言,可转债对经理层的激励效应在融资约束更严重的样本中表现更好。

6.3.2 稳健性测试

为了获得更稳健的研究结论,我们还执行了以下改变关键变量的定义的敏感性测试。具体而言,首先,我们完全按照《中央公司负责人经营业绩考核暂行办法》调整了业绩指标,即采用(上期净利润－上期营业外收支－上期投资收益)÷调整后当期平均总资产,同时使用上期营业利润÷调整后当期平均总资产和当期息税前利润÷调整后当期平均总资产分别替代 Adj_ROA,并重新进行了相关检验,研究结论不变。其次,我们采用高管薪酬总额的自然对数、董监高薪酬总额的自然对数、高管薪酬总额与期末所持股票价值之和的自然对数以及董监高薪酬总额与期末所持股票价值之和的自然对数分别代替原来表征薪酬的指标,并重新进行了检验,研究结论也没有发生实质性的变化。因此,我们的研究结论是比较稳健的。

6.4 本章小结

虽然可转债也是负债的一种类型,但是其可转换性使其与负债的治理功能存在着较大的差别。本章选择 2004—2008 年间发行可转债的公司作为研究的初始样本,从薪酬业绩敏感度的视角对可转债对经理层的激励效应进行了验证。虽然在总样本中,我们没有发现支持可转债与经理层激励制度关系具有互补或者替代关系的证据,但是我们却发现债性可转债与经理层激励制度呈不显著的互补关系,即可转债的发行能进一步减少股东与经理层的代理问题,而股性可转债与经理激励制度却表现为替代关系,即可转债更多是被视为一种与经理层激励制度相斥的监督制约机制。但是,我国60%以上的可转债在条款设计方面偏向股性,条款的雷同性也较大,并且2000年以后发行可转债的公司全部成功转股,表明我国现阶段主要将可转债视为一种制约机制,而忽视了可转债的激励效应。这意味着,我国可转债发行公司应根据其代理问题的类型和程度的不同,通过可转债条款的独特设计达到其治理效果。

在采用时间序列对可转债治理功能研究的同时,我们也采用配对的方法对其进行了进一步的研究。研究发现,在融资约束大的公司,可转债与经理层激励制度之间存在互补关系,表现出激励效应;而在融资约束小的公司中则表现为替代关系。具体的,在民营公司、设立时间相对较短、公司规模较小的公司中,可转债发挥出显著的激励效应,即与经理层激励制度呈互补关系。然而,基于我国可转债的发行要求规模在1亿元以上,这使大量民营公司和规模较小的公司被拒之门外。所以,我们认为,如果适度降低可转债的发行规模要求,可以更好地发挥可转债的治理功能。

我们的研究首先丰富了可转债的基础研究。我们在前几章验证了可转债的治理效应以后,进一步研究其与其他公司治理机制之间的关系,为可转债在我国的具体运用提供了经验证据。其次,我们的研究也为公司各种治理机制间关系提供了新的证据。我们发现公司治理机制间的关系因治理工具特性及公司类型等存在差异,比如,在融资约束较大的公司,可转债与薪酬激励的关系为互补,而在融资约束较小的公司中则表现为替代关系。

第7章　可转债与大股东掠夺

在一个股权结构相对集中的世界里面(Faccio 等,2002;Holderness,2007),给定公司存在着一个自利的大股东,如何抑制其为攫取私人收益而对其他利益相关者所展开的掠夺行为,就成为公司治理的核心问题之一。理论上,大债权人应当可以对公司内部人的掠夺行为实施有效的监督(Shleifer 等,1997)。

作为世界上最大的转型经济体,我国的法制建设和投资者保护规范都还很不健全,在此情况下,上市公司中大股东对中小股东的掠夺行为比比皆是(叶康涛等,2007;罗党论等,2007)。因而,寻找恰当的抑制大股东掠夺的治理工具意义重大。但是,之前的研究大多表明,由于预算软约束的存在,我国的大债权人并不能够起到有效的监督作用(田利辉,2004;Chen 等,2010)。

与上述研究中所讨论的间接融资负债不同的是,可转换债券属于典型的直接融资负债。如果说间接融资负债的中间人即商业银行比较容易受到地方政府的干预和影响而带有明显的软约束特质,那么,作为直接融资负债的可转换债券则与此不同。由于可转换债券的持有人非常分散,因此,可转债契约再谈判的交易成本非常高,地方政府也难以找到符合成本收益原则的方式对分散的债券持有人施加重要影响。所以,相对市场化的运作模式使得可转换债券更可能对公司的行为构成硬约束。

基于此,可转换债券是否会因其作为直接融资负债所带来的硬约束特质而成为制约大股东掠夺行为的有效机制?这是本章将要讨论的话题。

7.1　理论分析与研究设计

7.1.1　理论分析

债权人是公司治理结构中的重要组成部分。对于债权人的治理功能,Shleifer等(1997)在其经典回顾中有着非常精彩的论述。他们指出,债权人与股东一样,都对公司投入大量资金,因而自然希望能够确保资金安全并得到预期的回报。于是,债权人便有足够的激励对公司内部人的行为实施监督。上述推断也得到了经验研究的支持。来自日本、德国和美国的证据都表明,债权人可以发挥有效的监督功能(Gilson等,1990;Kaplan等,1994;Gorton等,2000)。具体到我国的情况,由于受到《商业银行法》的限制,我国的商业银行一般不能对公司进行直接投资。但从理论上来说,通过债务契约中的限制性条款,或者通过在公司陷入债务危机时主导其债务重组过程等手段,债权人仍然应当完全有能力去抗衡公司大股东对其控制权的滥用(钱颖一,1995)。

然而,中国的现实情况却很复杂。林毅夫等(2004)就曾指出,我们的国有公司存在着严重的预算软约束问题。出于对控股公司的"父爱"关怀,政府往往倾向于要求银行放弃预算硬约束下对公司的惩戒,甚至迫使银行向亏损公司继续贷款,以维持其正常运作和支付雇员工资(田利辉,2005)。这种软约束的特质显然会极大地降低负债的治理效应。越来越多的经验证据已经证实了这一点。例如,田利辉(2004)的研究表明,银行贷款不仅不能够起到公司治理的作用,反而增加了公司的代理成本。而 Chen 等(2010)也发现,国有银行贷款比例的提高反而对应着公司更加不稳健的会计信息。

我们注意到,上述对于负债治理功能的讨论都是建立在间接融资负债的基础之上。然而,负债不仅包括以银行贷款为主的间接融资负债,还包括以可转换债券和公司债券为主的直接融资负债。如果我们将视角拓展到直接融资负债方面,情况便会有很大的不同。无疑,地方政府对于债权人的干预也是有成本的。其中,非常重要的一个组成部分就是地方政府在债权人和债务人之间斡旋所必需的交易成本。在间接融资负债的情况下,由于债权人的数量非常有限,债权人的身份也可以很方便地得到明确辨认,因而,地方政府对间接融资负债进行干预的交易成本是比较低的。但是,在直接融资负债的情况下,地方政府对债务契约进行干预的交易成本就会变得非常高。因为直接融资负债多数可以在二级市场中自由流通,所以,其债权人不仅数量众多,而且流动性也非常强。于是,要辨认所有债权人的具体身份并与其展开债务契约的再谈判,成本将十分高昂。并且,这些债权人中的多数可能来自其他地区甚至其他国家,这意味着地方政府也难以依靠单纯的行政力量来干预他们正常行使附着于债务契约中的合法权利。因此,与间接融资负债相比,直接融资负债的履约过程更可能完全超出地方政府所能控制的能力范围。给定直接融资负债高契约再谈判成本的特征,既然地方政府之"父爱"所不能及,所以,与间接融资负债的软约束特质不同的是,直接融资负债对公司而言更可能是构成了一种硬约束。基于此,我们提出本章的研究假设 H1:可转债能有效地制约大股东的掠夺行为,而这种效应在国有公司中更显著。

7.1.2 样本选择与数据来源

本章所涵盖的样本期间为 2001—2008 年,但由于检验中需要使用滞后一期的数据,所以本章的实际数据期间为 2000—2009 年。具体的,我们以 2000—2012 年间所有在中国 A 股上市的公司作为实证检验的初始样本。之后依次执行了以下样本筛选程序:(1) 剔除金融类上市公司,因为这些公司存在行业特殊性;(2) 剔除 2000—2012 年间资料不全的公司。最后,我们的样本中一共包括 2001—2012 年间共 11 722 个观测值。①

本章所使用的可转换债券信息全部来自 Wind 金融研究数据库,公司金字塔结构的层级数来自我们对上市公司公开披露的年度报告所进行的手工整理,其他数据均来自 CSMAR 金融研究数据库。对于有疑问的数据,我们将来自 CSMAR 的信息和来自 Wind 的信息进行了核对。本章的数据处理全部采用 Stata 10.0 计量分析软件进行。

7.1.3 刻画大股东的掠夺行为

大股东的掠夺行为可以用公司间借贷的规模来衡量(Jiang 等,2010)。公司间的借贷规模反映到财务报表上就是年末其他应收款的账面余额。通过比较年末其他应收款的账面余额与部分可以从公司财务报表附注中确认的大股东及其关联单位欠款余额之间的关系,以

---

① 需要说明的是,在实证检验的后半部分,我们将集中考察可转换债券的治理功能。并且,在具体检验时,我们又将分别采用针对发行公司本身在发行前后进行自我比较的方法以及配对样本比较的方法。此时,我们的样本量将因研究目的的不同而发生变化。

及分析年末其他应收款的账面余额与2006年深沪交易所官方发布的掏空行为最严重的上市公司名单之间的相关性,Jiang等(2010)认为,其他应收款与公司总资产或公司市值之间的比值,可以很好地刻画上市公司受大股东掠夺的程度。基于此,我们也采用这一指标来刻画公司大股东的掠夺行为。

表7-1分年度列示了样本公司大股东占款比例的均值。可以看到,2001—2012年间,我国上市公司大股东占款的比例始终处于一个比较高的水平,平均占总资产的比例为4.11%。如果以同期样本公司总资产的平均余额来计算,每家上市公司被大股东占用的资金达到1.56亿元。不难发现,大股东占款比例在2006年后有较为明显的下降,但远未完全消除。① 甚至在2011年后有反弹趋势。单独看2007—2008年子样本期间的情况,上市公司大股东占款的平均比例为2.14%,如果以同期样本公司总资产的平均余额来计算,每家上市公司被大股东占用的资金仍然高达1.38亿元。②

表7-1 我国资本市场中大股东的掠夺行为

年度	N	orec_ta	orec_mk1	orec_mk2
2001	768	6.57%	4.37%	2.73%
2002	829	6.44%	4.73%	3.23%
2003	878	6.29%	5.22%	3.83%
2004	924	6.89%	6.26%	4.85%

---

① 证监会在2006年对大股东占用上市公司资金的情况进行了非常严厉的打击,要求大股东限时清偿。然而,这并不能解决全部的问题。很显然,大股东只需通过其他关联公司稍加过渡,便可轻易绕过证监会的相关规定。

② 样本公司在2007—2008年间的资产规模有非常显著的增加。2001—2008年全样本期间,样本公司的平均资产规模约为3 790亿元,而2007—2008年子样本期间内,样本公司的平均资产规模达到了6 450亿元。

(续表)

年度	N	orec_ta	orec_mk1	orec_mk2
2005	989	6.78%	6.48%	5.29%
2006	996	5.90%	4.97%	3.67%
2007	1 031	3.45%	1.73%	1.22%
2008	1 055	2.97%	2.33%	1.97%
2009	1 062	2.23%	1.65%	1.27%
2010	1 062	2.01%	1.63%	1.42%
2011	1 064	1.89%	2.45%	2.25%
2012	1 064	1.93%	2.65%	2.48%

7.1.4 模型设定和主要变量的定义

我们使用以下回归模型来考察负债与大股东掠夺行为之间的关系：

$$\text{Orec}_{i,t} = \alpha_0 + \alpha_1 \text{lev}_{i,t} + \beta_j \sum \text{Control} + \text{fixed effect} + \xi_{i,t} \qquad 模型(7.1)$$

其中，Orec表示公司大股东的掠夺程度。lev是模型(7.1)的关键解释变量，代表公司整体的负债情况。Control是控制变量的向量集，参照Jiang等(2010)的研究，包括公司规模、主营业务利润率、第一大股东持股比例、金字塔层级数以及产权性质。fixed effect是指行业和年度的固定效应。检验时，考虑到自变量对因变量的影响可能存在时滞，我们全部使用第 $t-1$ 期的自变量来对第 t 期的因变量进行回归。在模型(7.1)中，我们最关心的是lev的符号和统计显著性。如果负债作为一个整体而言具有治理功能，α_1 应显著小于零。

本章实证检验的后半部分专注于考察可转换债券的治理功能。当使用可转债发行公司本身对发行前后进行自我比较时，我们使用以

下回归模型:

$$\text{Orec}_{i,t} = \alpha_0 + \alpha_1 \text{Period}_{i,t} + \beta_j \sum \text{Control} + \text{fixed effect} + \xi_{i,t} \quad \text{模型}(7.2)$$

其中,Period 是虚拟变量,当发行公司处于可转换债券发行后年度时取值为 1,否则取值为 0。除此之外,模型(7.2)的设定与模型(7.1)都是相同的。在模型(7.2)中,我们最关心的是 Period 的符号和统计显著性。如果可转换债券能够有效抑制公司大股东的掠夺行为,模型(7.2)中 Period 的回归系数 α_1 应显著小于零。

除对可转债发行公司发行前后的情况进行自我比较,我们也使用配对样本方法对此进行检验。当使用配对样本方法时,我们使用以下回归模型:

$$\text{Orec}_{i,t} = \alpha_0 + \alpha_1 \text{Issue}_{i,t} + \beta_j \sum \text{Control} + \text{fixed effect} + \xi_{i,t} \quad \text{模型}(7.3)$$

其中,Issue 是虚拟变量,当样本公司属于可转债发行公司时取值为 1,当样本公司属于配对公司时取值为 0。除此之外,模型(7.3)的设定与模型(7.1)都是相同的。在模型(7.3)中,我们最关心的是 Issue 的符号和统计显著性。如果可转换债券能够有效抑制公司大股东的掠夺行为,模型(7.3)中 Issue 的回归系数 α_1 应显著小于零。本章所涉及的主要变量的定义和衡量方法如表 7-2 所示。

表 7-2 主要变量定义

变量描述	变量符号	变量说明
被解释变量		
大股东掠夺行为	orec_ta	年末其他应收款余额÷年末总资产余额
	orec_mk1	年末其他应收款余额÷年末公司市场价值
	orec_mk2	年末其他应收款余额÷年末公司市场价值①
解释变量		
负债	lev1	年末负债总额÷年末总资产余额
	lev2	年末非流动负债总额÷年末总资产余额
可转债发行之后	Period	处于可转债发行后年度取值为 1,否则为 0
可转债发行公司	Issue	样本公司属于可转债发行公司取值为 1,否则为 0
控制变量		
公司规模	Size	年末总资产余额的自然对数
主营业务利润率	AdjROA	年度主营业务利润÷年末总资产余额
第一大股东持股比例	Top1	公司第一大股东持股比例
金字塔层级数	Layer	控制链条的长度,计算方法同 Fan 等(2013)
公司产权性质	Owner	属于国有公司时取值为 1,否则为 0
行业	Industry	归属于某 CRSC 行业时取值为 1,否则为 0
年度	Year	归属于某样本年度时取值为 1,否则为 0

① orec_mk1 和 orec_mk2 在计算中的区别在于,计算公司年末市场价值时,前者使用流通股的市场价值,后者使用净资产账面价值衡量公司非流通股的市场价格近似计算公司非流通股的价值。

7.2 负债与大股东的掠夺行为

我们首先把负债作为一个整体,考察其对于大股东掠夺行为的治理功能。表 7-3 报告多元回归的结果。其中,被解释变量 orec_ta、orec_mk1 和 orec_mk2 分别表示公司其他应收款占年末总资产和市场价值的比例。参照 Jiang 等(2010)的研究,我们在回归中控制了公司规模、主营业务利润率、第一大股东持股比例、公司金字塔层级数以及产权性质等因素的影响,也控制了行业和年度的固定效应。我们最关心的关键解释变量 lev1 是公司年末的资产负债率。在表 7-3 所列的六个回归中,回归(1)—(3)以 orec_ta 为被解释变量。其中,回归(1)是全样本测试的结果,回归(2)是使用 2001—2006 年间子样本测试的结果,回归(3)则是使用 Lev2 替代 Lev1 进行稳健性测试的结果。其中,Lev2 是公司的非流动负债率,使用年末非流动负债总额与资产总额的比例来衡量。回归(4)(5)则分别以 orec_mk1 和 orec_mk2 为被解释变量作进一步的稳健性检验。我们发现,无论以何种方式衡量大股东的占款比例,或以何种方式衡量公司的负债率,[①]或对样本期间根据监管的不同力度进行不同的分割。多元回归的结果表明,存在微弱的证据表明公司的负债与大股东占款行为之间为正相关关系。这意味着,负债作为一个整体而言,不但不能有效制约大股东对中小股东的掠夺行为,而且还有可能加剧大股东的掏空行为。

---

① 我们也尝试使用公司短期借款占总资产的比例、长期借款占总资产的比例以及长短期借款之和占总资产的比例来衡量负债率,研究结果都没有发生实质性的变化。

表 7-3　负债与大股东的掠夺行为

	(1) orec_ta	(2) orec_ta	(3) orec_ta	(4) orec_mk1	(5) orec_mk2
Constant	0.277***	0.426***	0.288***	0.080***	0.018**
	(19.94)	(15.60)	(19.59)	(6.65)	(2.01)
Lev1	0.004***	0.009*		0.001	0.001**
	(2.82)	(1.68)		(1.58)	(2.03)
Lev2			0.000		
			(0.23)		
Size	-0.008***	-0.014***	-0.009***	-0.000	0.002***
	(-13.30)	(-11.15)	(-13.23)	(-0.40)	(4.09)
adjROA	0.003**	0.008	-0.000***	0.001	0.001**
	(2.47)	(1.62)	(-6.42)	(1.62)	(2.03)
Owner	-0.011***	-0.012***	-0.011***	-0.007***	-0.005***
	(-5.21)	(-2.98)	(-5.54)	(-3.78)	(-3.71)
Layer	-0.009***	-0.013***	-0.010***	-0.007***	-0.005***
	(-10.29)	(-8.32)	(-10.48)	(-9.46)	(-9.00)
Top1	0.007*	-4.074***	0.008**	0.005	-0.004
	(1.68)	(-6.04)	(1.98)	(0.99)	(-1.03)
Year	已控制	已控制	已控制	已控制	已控制
Industry	已控制	已控制	已控制	已控制	已控制
N	11 721	6 416	11 721	11 721	11 721
adj. R^2	0.154	0.131	0.148	0.128	0.130
2	48.602	39.589	46.797	37.937	38.733

注：*表示在10%水平上显著，**表示在5%水平上显著，***表示在1%水平上显著。表中数值为各自变量的回归系数，系数下方的括号内为根据White稳健标准误所得到的 t 值，回归中不存在需要引起关注的共线性问题。

我们也考虑针对分别不同产权性质的公司进行分组测试。表7-4报告分组检验的回归结果。其中，回归(1)—(4)是使用全样本期间进行测试的结果，回归(5)、(6)是使用2001—2006年间子样本进行稳健性测试的结果。表7-3中所报告的被解释变量包括 orec_ta 和 orec_mk1，解释变量是 Lev1，我们也使用 orec_mk2 作为被解释变量，或使用

表 7-4　区别公司的产权性质

	(1) SOE orec_ta	(2) NSOE orec_ta	(3) SOE orec_mkl	(4) NSOE orec_mkl	(5) SOE orec_ta	(6) NSOE orec_ta	(7) SOE orec_mkl	(8) NSOE orec_mkl
Constant	0.239*** (17.40)	0.403*** (8.49)	0.065*** (5.10)	0.112*** (3.24)	0.300*** (10.61)	0.820*** (7.51)	0.151*** (6.68)	0.457*** (5.41)
Lev1	0.069*** (12.28)	0.002 (1.27)	0.056*** (10.71)	−0.001 (−0.28)	0.051*** (5.86)	0.002 (0.73)	0.039*** (5.31)	0.001 (0.46)
Size	−0.008*** (−12.71)	−0.015*** (−7.11)	−0.001 (−1.53)	−0.002 (−1.62)	−0.010*** (−6.84)	−0.033*** (−6.69)	−0.004*** (−3.21)	−0.018*** (−4.68)
adjROA	0.014*** (4.07)	0.001 (1.01)	0.010*** (3.44)	−0.000 (−0.16)	−0.139** (−2.57)	0.002 (0.72)	−0.111** (−2.49)	0.001 (0.56)
Layer	−0.007*** (−7.22)	−0.014*** (−5.39)	−0.005*** (−6.11)	−0.011*** (−5.40)	−0.008*** (−5.67)	−0.021*** (−4.56)	−0.006*** (−4.84)	−0.018*** (−4.92)
Top1	0.007* (1.72)	0.010 (0.92)	−0.001 (−0.26)	0.024** (1.97)	−2.837*** (−4.16)	−9.532*** (−3.83)	−2.115*** (−3.71)	−6.300*** (−3.04)
Year	已控制	已控制	已控制	已控制	已控制	已控制	已控制	已控制
Industry	已控制	已控制	已控制	已控制	已控制	已控制	已控制	已控制
N	9 753	1 968	9 753	1 968	5 564	852	5 564	852
adj. R^2	0.206	0.204	0.182	0.178	0.206	0.211	0.193	0.197
F	71.198	14.961	61.105	12.838	27.795	125.895	28.184	7.902

注：* 表示在 10% 水平上显著，** 表示在 5% 水平上显著，*** 表示在 1% 水平上显著。表中数值为各自变量的回归系数，系数下方的括号内为根据 White 稳健标准误差所得到的 t 值，回归中不存在需要引起关注的共线性问题。

Lev2 作为解释变量，主要研究结果没有发生实质性的变化。可以看到，在所有针对国企子样本的回归中，负债率与大股东的占款比例均呈现出显著的正相关关系。这意味着在国有公司中，由于严重的预算软约束问题，负债不仅不能制约大股东的掠夺行为，而且，随着负债所带来的现金流入，公司的第二类代理问题反而变得越发严重。这与田利辉（2004）的研究发现是基本一致的。民营公司的情况有所不同，在所有针对民企子样本的回归中，负债与大股东占款之间均不存在统计显著的相关关系。也就是说，在民营公司中，负债同样不能有效发挥制约大股东掠夺行为的治理作用。

7.3 可转债对大股东掠夺行为的制约作用

7.3.1 发行前后的时间序列比较

我们首先针对发行公司本身，考察可转债发行前后大股东掠夺行为的变化。表7-5报告了多元回归的结果。在此，我们最关心的关键解释变量 Period 是虚拟变量，如果样本处于可转债发行之后年度取值为1，否则为0。在检验时，我们将分析期间限定在可转债发行前三年和发行后五年。回归(1)、(2)均以 orec_ta 为被解释变量。与回归(1)不同的是，回归(2)使用2000—2006期间的子样本对回归(1)的结果进行稳健性测试。回归(3)、(4)分别以 orec_mk1 和 orec_mk2 为被解释变量。主要控制变量都是参考 Jiang 等（2010）的研究而设置的。回归中控制了行业和年度的固定效应，统计检验时使用 White 稳健标准误对可能的异方差问题进行了调整。多元回归表明可转债发行后，大股东对上市公司的掠夺行为得到了显著的抑制。并且，上述结果是比较稳健的，既未受选择被解释变量的影响，也未随样本期间的变化而变化。这意味着，可转换债券能够有效制约公司大股东的掠夺行为。

表 7-5　可转债与大股东的占款行为

	(1)	(2)	(3)	(4)
	orec_ta	orec_ta	orec_mk1	orec_mk2
Constant	-0.041	-0.077	-0.056**	-0.055**
	(-1.48)	(-1.47)	(-2.06)	(-2.36)
Period	-0.008***	-0.005**	-0.008***	-0.006***
	(-2.73)	(-2.08)	(-2.91)	(-2.68)
Size	0.002**	0.004*	0.003**	0.003***
	(1.97)	(1.84)	(2.41)	(2.69)
lev1	0.006	0.004	0.011**	0.011**
	(1.50)	(0.46)	(2.23)	(2.39)
adjROA	-0.009	-0.071**	-0.014	-0.011
	(-0.67)	(-2.06)	(-1.01)	(-0.94)
Owner	0.002	0.001	0.004*	0.003*
	(1.12)	(0.33)	(1.68)	(1.79)
Layer	-0.002*	-0.002*	-0.002	-0.002
	(-1.76)	(-1.69)	(-1.25)	(-1.38)
Top1	0.000	0.022*	0.000*	0.000**
	(0.09)	(1.82)	(1.91)	(2.16)
Year	已控制	已控制	已控制	已控制
Industry	已控制	已控制	已控制	已控制
N	371	209	371	371
adj. R^2	0.066	0.103	0.089	0.120
F	4.174	4.837	4.464	4.320

注：*表示在10%水平上显著，**表示在5%水平上显著，***表示在1%水平上显著。表中数值为各自变量的回归系数，系数下方的括号内为根据White稳健标准误所得到的 t 值，回归中不存在需要引起关注的共线性问题。

表 7-5 的结果也可能会受到不同年度间监管政策变化的影响。尽

管我们在表7-5中已经使用了子样本期间的回归,结果并未发生变化,但是,为了进一步缓解这种担忧,我们此处观察配对样本在样本公司发行年度前后大股东掠夺行为的变化。同样的,我们将分析期间限定在可转债发行的前三年和发行后五年。表7-6报告了采用PSM方法配对后仅针对配对样本的检验结果。可以看到,在同样的年度期间内,配对样本中大股东掠夺行为所表现出的变化模式与原始样本完全不同。配对样本中的大股东掠夺行为并未得到显著减少,相反的,呈现出显著增加的趋势。这说明,表7-5的结果并未受到不同年度间监管政策变化等宏观因素的影响。

表7-6 针对配对样本重复表7-5的测试

	(1) orec_ta	(2) orec_ta	(3) orec_mk1	(4) orec_mk2
Constance	0.043	-0.088	-0.031	-0.036
	(0.92)	(-0.94)	(-0.66)	(-0.90)
Period	0.014***	0.008*	0.012***	0.011***
	(3.01)	(1.75)	(2.75)	(3.04)
Size	-0.000	0.005	0.003	0.003*
	(-0.24)	(1.36)	(1.53)	(1.74)
Lev1	0.025**	0.025	0.020	0.016
	(2.44)	(1.48)	(1.63)	(1.45)
adjROA	-0.096**	-0.226***	-0.138***	-0.127***
	(-2.50)	(-2.62)	(-3.42)	(-3.56)
Owner	0.001	0.006	-0.004	-0.004
	(0.22)	(1.30)	(-0.78)	(-0.81)
Layer	0.006	0.009*	0.005	0.002
	(1.60)	(1.91)	(1.35)	(0.69)
Top1	0.001	0.005	0.001	-0.001
	(1.41)	(0.22)	(0.08)	(-0.02)
Year	已控制	已控制	已控制	已控制
Industry	已控制	已控制	已控制	已控制

(续表)

	(1)	(2)	(3)	(4)
	orec_ta	orec_ta	orec_mk1	orec_mk2
N	689	397	689	689
adj. R^2	0.081	0.102	0.095	0.109
F	4.981	7.389	4.603	4.816

注：*表示在10%水平上显著，**表示在5%水平上显著，***表示在1%水平上显著。表中数值为各自变量的回归系数，系数下方的括号内为根据White稳健标准误所得到的t值，回归中不存在需要引起关注的共线性问题。

7.3.2 配对样本方法

为了得到更加稳健的研究结论，我们也考虑使用配对样本的方法。具体来说，我们使用PSM方法对可转债发行公司以1配2的规则进行配对。此时，我们最关心的关键解释变量是虚拟变量Issue。当样本属于可转债的发行公司时，Issue取值为1，否则为0。同样的，我们将分析期间限定在可转债发行的前后三年。表7-7报告多元回归的结果。可以发现，在四个回归中，Issue均显著小于零。这与之前采用发行前后自我比较的方法所得到的结果是一致的，与配对公司相比，可转债发行公司的大股东占款比例显著更低，表现出可转债对于公司大股东掠夺行为的有效抑制。

表7-7 发行公司与配对公司的比较(PSM方法)

	(1)	(2)	(3)	(4)
	orec_ta	orec_ta	orec_mk1	orec_mk2
Constant	0.035	-0.036	-0.011	-0.018
	(1.06)	(-0.52)	(-0.35)	(-0.66)
Issue	-0.011***	-0.013***	-0.011***	-0.009***
	(-5.79)	(-4.29)	(-5.82)	(-5.75)
Size	-0.001	0.002	0.002	0.002**
	(-0.39)	(0.91)	(1.45)	(1.99)
Lev1	0.025***	0.028*	0.023***	0.020***

(续表)

	(1)	(2)	(3)	(4)
	orec_ta	orec_ta	orec_mk1	orec_mk2
	(3.06)	(1.92)	(2.64)	(2.60)
adjROA	-0.052**	-0.150**	-0.087***	-0.085***
	(-2.10)	(-2.48)	(-3.33)	(-3.64)
Owner	0.002	0.006	-0.001	-0.002
	(0.76)	(1.24)	(-0.25)	(-0.38)
Layer	0.001	0.003	0.001	-0.001
	(0.63)	(0.97)	(0.42)	(-0.28)
Top1	-0.001	0.012	0.001*	0.001**
	(-0.31)	(0.97)	(1.89)	(2.48)
Year	已控制	已控制	已控制	已控制
Industry	已控制	已控制	已控制	已控制
N	1 060	606	1 060	1 060
adj. R^2	0.140	0.151	0.134	0.134
F	8.515	7.057	7.567	7.611

注：*表示在10%水平上显著，**表示在5%水平上显著，***表示在1%水平上显著。表中数值为各自变量的回归系数，系数下方的括号内为根据White稳健标准误所得到的t值，回归中不存在需要引起关注的共线性问题。

我们也注意到，对于表7-7的结果，还有另外一种可能的解释。具体而言，如果在可转债发行之前，发行公司大股东掠夺行为的程度就显著低于配对公司，那么，就很难将表7-7中所发现的这种差别归结为可转换债券的治理效应。为了缓解这种担忧，我们又区别发行前后的期间作进一步的检验。表7-8是分组检验的结果。可以看到，发行公司与配对公司之间在可转债发行前的大股东占款比例并无显著差别。而在可转债发行后，发行公司大股东占款比例开始显著低于配对公司。这说明发行公司与配对公司之间其他不可观测的因素对我们研究结果的影响并不严重，也再一次说明可转换债券具有治理功能，它能够有效抑制大股东的掠夺行为。

表 7-8 区别发行前后

	(1) 发行前 orec_ta	(2) 发行后 orec_ta	(3) 发行前 orec_mk1	(4) 发行后 orec_mk1	(5) 发行前 orec_mk2	(6) 发行后 orec_mk2
Constance	-0.012	-0.015	-0.052	-0.065	-0.027	-0.064
	(-0.20)	(-0.34)	(-0.98)	(-1.42)	(-0.78)	(-1.60)
Issue	-0.006	-0.013***	-0.004	-0.015***	-0.002	-0.013***
	(-1.61)	(-5.22)	(-1.48)	(-5.53)	(-1.31)	(-5.50)
Size	0.001	0.002	0.003	0.004**	0.001	0.004***
	(0.38)	(0.88)	(1.16)	(2.32)	(1.01)	(2.65)
Lev1	0.024**	0.032***	0.023**	0.030**	0.021***	0.023**
	(2.10)	(2.93)	(2.23)	(2.50)	(2.80)	(2.16)
adjROA	-0.054	-0.058*	-0.059*	-0.099***	-0.046*	-0.099***
	(-1.51)	(-1.94)	(-1.72)	(-3.15)	(-1.75)	(-3.48)
Owner	0.003	0.002	0.003	-0.003	0.002	-0.003
	(0.83)	(0.41)	(0.84)	(-0.42)	(0.94)	(-0.48)
Layer	-0.001	0.003	-0.001	0.002	-0.002	-0.000
	(-0.45)	(0.98)	(-0.20)	(0.51)	(-0.90)	(-0.09)

（续表）

	(1) 发行前 orec_ta	(2) 发行后 orec_ta	(3) 发行前 orec_mk1	(4) 发行后 orec_mk1	(5) 发行前 orec_mk2	(6) 发行后 orec_mk2
Top1	−0.003	0.001	0.001	0.001**	−0.002	0.001***
	(−0.29)	(0.24)	(0.10)	(2.28)	(−0.34)	(2.71)
Year	已控制	已控制	已控制	已控制	已控制	已控制
Industry	已控制	已控制	已控制	已控制	已控制	已控制
N	322	738	322	738	322	738
adj. R^2	0.120	0.156	0.111	0.151	0.124	0.146
F	4.000	6.220	4.036	6.224	4.441	5.942

注：* 表示在10%水平上显著，** 表示在5%水平上显著，*** 表示在1%水平上显著。表中数值为各自变量的回归系数，系数下方的括号内为根据 White 稳健标准误所得到的 t 值，回归中不存在需要引起关注的共线性问题。

7.4 硬约束与可转债的治理功能

以上结果已经表明,可转债能够有效制约大股东的掠夺行为。但是,这还不能充分说明可转债的上述治理功能就是来自其硬约束的特质。为了印证这一点,我们将可转债的发行公司分成国企和民企两组,以检验在这两组样本中可转债的治理作用是否存在差别。如前所述,与直接融资负债相比较,可转换债券的发行和转股更倾向于是一种市场化的行为。由于趋于无穷大的契约再谈判成本,可转换债券在持有人转换成股份之前,对于公司的债务压力更倾向于是一种硬约束。那么,如果这种硬约束的特质是可转债对大股东掠夺行为制约能力的主要来源,我们可以合理预期的是,可转换债券的治理功能应主要体现在直接融资负债具有强烈软约束特质的国企当中,而可转换债券对于民企的治理功能则不明显。表 7-9 报告区别发行公司所有权性质后的回归结果。可以看到,仅在国企样本组中,可转债具有制约大股东掠夺行为的治理功能。而在民企样本组中,可转债发行后,大股东的掠夺程度甚至有显著的提高。这与我们的猜想是一致的,说明对于国企来说,可转债的硬约束特质与直接融资负债的软约束特质有很大的差别,而正是这种差别,显著地抑制了国企大股东的掠夺行为。

表 7-9 区别公司的产权性质:发行前后的比较

	(1) SOE orec_ta	(2) NSOE orec_ta	(3) SOE orec_mk1	(4) NSOE orec_mk1	(5) SOE orec_mk2	(6) NSOE orec_mk2
Constance	-0.051*	0.375***	-0.065**	0.305***	-0.061***	0.233***
	(-1.95)	(7.80)	(-2.41)	(7.56)	(-2.66)	(7.44)
Period	-0.008***	0.006**	-0.009***	0.006**	-0.006***	0.005**
	(-2.69)	(2.38)	(-2.86)	(2.20)	(-2.64)	(2.19)

(续表)

	(1) SOE orec_ta	(2) NSOE orec_ta	(3) SOE orec_mk1	(4) NSOE orec_mk1	(5) SOE orec_mk2	(6) NSOE orec_mk2
Size	0.003**	-0.017***	0.004***	-0.014***	0.003***	-0.010***
	(2.50)	(-7.80)	(2.92)	(-7.63)	(3.19)	(-7.45)
Lev1	0.005	0.041***	0.010**	0.030***	0.009**	0.023***
	(1.39)	(4.69)	(2.10)	(3.73)	(2.25)	(3.53)
adjROA	-0.012	0.017	-0.017	0.008	-0.013	-0.004
	(-0.86)	(1.09)	(-1.19)	(0.51)	(-1.08)	(-0.33)
Layer	-0.002	-0.005*	-0.002	-0.005*	-0.002	-0.004*
	(-1.52)	(-1.72)	(-1.25)	(-1.72)	(-1.43)	(-1.93)
Top1	-0.001	0.001***	0.001	0.002***	0.002*	0.002***
	(-0.21)	(3.45)	(1.49)	(3.35)	(1.76)	(3.66)
Year	已控制	已控制	已控制	已控制	已控制	已控制
Industry	已控制	已控制	已控制	已控制	已控制	已控制
N	338	33	338	33	338	33
adj. R^2	0.077	0.805	0.099	0.745	0.133	0.725
F	3.156	14.169	3.855	10.363	4.972	9.440

注：*表示在10%水平上显著，**表示在5%水平上显著，***表示在1%水平上显著。表中数值为各自变量的回归系数，系数下方的括号内为根据White稳健标准误所得到的t值，回归中不存在需要引起关注的共线性问题。

7.5 本章小结

以2001—2008年间所有在我国A股上市的公司为样本，对于大股东的掠夺行为，我们没有发现债权人作为一个整体能够有效发挥治理功能的证据。随后，对于可转换债券的集中考察发现，可转债发行后，无论相对于发行公司发行前自身的情况，或是相对于发行前并无显著差异的配对公司，发行公司大股东的掠夺行为均得到了明显的抑制。进一步的检验还表明，可转换债券对大股东掠夺行为的治理功能主要源自其市场化操作模式下的高契约再谈判成本所带来的硬约束特质。

本章的理论贡献主要体现在以下两个方面。首先,本章与考察我国上市公司中债务治理功能的一系列文献有关(汪辉,2003;田利辉,2004、2005;谢德仁等,2009)。与上述文献将负债作为一个整体展开讨论不同的是,考虑到我国资本市场中直接债软约束的基本特征,我们将负债区别为直接债和间接债,并进而讨论二者在约束公司大股东行为方面的显著差别。因此,本章丰富和拓展了现有关于我国上市公司中债务治理的研究,并为进一步的深入考察提供了新的方向。第二,本章也与讨论我国上市公司中大股东掠夺行为及其治理机制的一系列文献有关(罗党论等,2007;叶康涛等,2007;Jiang 等,2010)。之前的研究主要考虑审计师、机构投资者、独立董事以及市场化程度等因素对于大股东掠夺行为的影响。我们的研究表明,间接债同样可以成为抑制大股东掠夺行为的有效治理工具,因而也为该领域的研究增添了新的知识。

本章的研究也具有重要的政策含义。一方面,在中共中央关于"十二五"规划的建议中,首次明确提出要积极发展债券市场,以加快多层次资本市场体系建设的主张。我们的研究表明,可转换债券的发行可以有效提高上市公司的公司治理质量,抑制大股东的掠夺行为,这为中央"十二五"规划建议中的上述主张提供了直接的经验支持。另一方面,在我国资本市场中,大股东掠夺上市公司的现象非常普遍。尽管证监会为此制定了非常严厉的监管政策,但任何监管都是有成本的,并且,监管者与被监管对象之间的契约也是不完全的,不可能穷尽现实中所有的掠夺行为。因此,现实呼唤能够自我约束大股东掠夺行为的治理工具。本章的研究表明,可转换债券可以有效降低我国上市公司大股东与中小股东之间的代理冲突。这对于如何更好地保护中小投资者而言有着重要的实践意义。

第8章 发行可转债的经济后果

基于对资本市场有效性和资源配置效率的关注,再融资后公司的长期绩效备受研究者的关注(Lyandres 等,2008;Bilinski 等,2009)。然而,已有的研究忽视了再融资决策中所存在的自选择问题,因而所得到的结论是有偏的(Cheng,2003;Li 等,2006)。基于此,再融资的经济后果重新成为一个开放性话题。

虽然,作为再融资重要方式之一的可转债研究在西方成果颇丰,但基于我国新兴经济实体特征,这些研究结论的推广性尚待检验。更重要的是,我国在 2000 年以后,可转债融资获得了较大的发展,2007 年可转债的总融资规模为 280.28 亿元,2008 年同比增长了 153.34%,已高达 710.05 亿元。可以说,从融资规模的角度来看,可转债已经成为我国上市公司再融资的重要方式之一。然而,同可转债融资实践发展不符的却是,我国对发行可转债融资后的经济后果等基础性研究却相对匮乏。理论研究与实践的脱节将不利于对我国可转债融资政策提供有效指导,因而,我国可转债融资的经济后果究竟如何? 成为亟待研究的重要问题之一。基于我国特殊的核准制背景,拟融资公司为达到再融资门槛存在较大的盈余管理动机(陈小悦等,2000)。然而,通过调节当期应计项目的盈余管理行为必然在将来发生反转(Teoh 等,1998),发行前的盈余管理行为可能会影响发行后的长期绩效。在我国可转债发行前的盈余管理是否会影响可转债发行后公司的长期绩效呢？另外，已有文献发现，我国再融资后绩效呈下滑趋势(王乔等，2005；毛小元等，2008；张金清等，2010)，同时基于我国大股东控制以及上市路径等特殊国情，李志文等(2003)推断出再融资的主要目的是"圈钱"。

在前面的章节中我们重点关注可转债对具体代理冲突的治理效应，本章我们则关注整体上而言可转债对代理冲突的制约作用，即发行可转债的经济后果，并分别从盈余管理、发行成败公司和公司治理三个角度对其进行了考察。

8.1　理论分析与研究设计

8.1.1　理论分析

自 Loughran 等(1995)提出"新股发行之谜"以来，学者们从不同角度对公司再融资后的绩效进行了验证，并进一步证明了该现象的普遍存在性(Aissia 等，2009；Allen 等，2008；毛小元等，2008；张金清等，2010)。然而，Cheng(2003)和 Li 等(2006)采用 PSM 配对方法控制再融资的自选择问题后，发现再融资后绩效的下滑明显减弱甚至消失，已有的研究结论可能存在偏误。

作为再融资重要方式之一的可转债自然也引起了学者们的关注。Green(1984)认为，可转债独特的看涨期权特性，使未来潜在收益不得不与新股东分享，因而削弱了股东及经理层进行资产替代的动机，降低了股东与债权人的代理冲突。Mayers(1998)则认为再融资决策是后续融资成本与过度投资损失的权衡，而可转债的期权性质能够在减少后续融资成本的同时控制过度投资行为。Isagawa(2000)则从可转债的可转换性视角，论证了良好设计的可转债不仅能制约过度投资行为，也能改善投资不足，提高投资效率。理论上而言，可转债不仅能降低股东和债权人之间的代理问题,而且也能缓解股东与经理层之间的代理冲突,因此,可以合理推断发行可转债后公司的绩效应该呈上升趋势。

然而,国外已有实证研究却发现,可转债融资后绩效没有显著提高,甚至呈下滑趋势。Lee 等(1998)以美国 1975—1990 年为研究期间,选取 986 家可转债发行公司为样本,发现可转债发行后无论市场回报还是经营绩效都显著下滑,总资产报酬率在四年内甚至下降了一半。Lewis 等(2001)使用 1979—1990 年间美国发行可转债的数据,发现发行可转债后公司的长期绩效显著差于配对公司。Abhyankar(2006)则以英国公司为样本,却发现可转债发行后绩效与配对公司之间不存在显著性差异。在我国,鉴于可转债发展较晚,主要从可转债短期市场反应来对其经济后果进行研究。刘娥平(2005)和杨如彦等(2006)分别考察了我国可转债发行时的市场反应。刘娥平(2005)发现可转债发行公告的总体市场反应为负,而杨如彦等(2006)却只在债性可转债中发现了此效应。张雪芳(2008)采用了简单的均值比较,发现发行可转债的公司发行后一年的会计绩效显著好于发行前一年,但简单的均值比较未能剔除规模、风险等其他因素对绩效的影响。纵观已有的经验证据可知,对可转债经济后果的研究不仅没有控制可转债融资决策中的自选择问题,而且也没有形成完全一致的结论。

Teoh 等(1998)认为发行前盈余管理的反转效应是融资后业绩下降的主要原因。他们发现美国公司在 IPO 前通过操控应计项目的盈余管理方式向上调整盈余,而盈余管理之后的反转效应使 IPO 后公司经营业绩和股票收益下降。在我国,陆正飞等(2006)则以我国配股公司为样本对盈余管理在再融资后绩效下滑中的作用进行了研究,认为配股后绩效的下滑更多来源于真实业绩的下降。

然而,对再融资(包括可转债)后绩效更差的现象还存在另外一种解释,可能是公司和投资者双方理性选择的自然结果。已有研究发现,公开对外融资(包括可转债融资)是对外融资收益与各种对外融资成本(包括创新信息泄露成本、融资固定成本)相互权衡的结果,其将导致对外融资之前公司的生产力和盈利能力达到顶峰,此后,公司经营绩效不可避免有所下滑。比如,Spiegel 等(2008)分析认为公司是否公开对外融资需要考虑公开融资导致竞争信息的外泄和采用公开融资相对较低的资本回报率之间的权衡。相对而言,更具有创新性和获利能力的项目信息外泄的损失大于创新性和获利能力中等的项目。在对外公开融资资本回报率相同的前提下,理性的公司会选择采用内源融资或者私募资金融资满足更具有盈利能力和创新性的项目,而将创新性和盈利能力中等的项目(NPV > 0)留给公开融资。因此,在公开对外融资前公司的生产力和经营绩效也达到顶峰,对外融资后公司绩效呈下滑趋势。Chementi(2002)则从公司上市决策的角度为对外融资后公司绩效下滑提供了解释,他们认为,公司上市融资决策需要权衡上市后的规模效应收益与上市成本以及信息披露成本等固定成本,只有在生产力恰逢一个较大的有利冲击时,即上市的规模效应收益大于固定成本时才会作出上市决定。因此,在上市之前公司的生产力达到顶峰,公司的经营业绩亦达到最大,上市之后由于规模报酬递减,经营绩效呈下降趋势,即公司在 IPO 前后经营绩效呈倒 U 型。Chemmanur 等(2010)以美国 IPO 前后公司的绩效对 Spiegel 等(2008)和 Chementi(2002)提出的理论模型进行了验证,他们发现,生产率和销售增长率在公司上市前后呈倒 U 型,但是,销售总额和资本支出率等业绩指标却表现出连续的增长。因此,他们认为上市后绩效的减少更多是由于 Spiegel 等(2008)和 Chementi(2002)提出的技术变革和产品市场生产力冲击因素而非盈余操控所致。

根据以上分析可知,在 Spiegel 等(2008)、Chementi(2002)以及 Chemmanur 等(2010)对外融资后绩效下滑的解释中,即使存在 NPV > 0 的项目,可转债融资后绩效的下降也是必然的。再基于有效市场假说,即使在弱势有效市场中,以愚弄投资者为动机的资本市场行为,譬如,"圈钱"行为,也不可能持久反复存在。然而,我国可转债融资的长期存在性,使我们更倾向于推测可转债融资之后绩效的下滑更多源于公司权衡对外融资的收益与成本的结果。既然公开融资决策是在一系列因素的权衡下产生的,此时,融资收益大于融资成本,那么,如果融资不成功,将打破这种最优状态,导致公司绩效更多地下滑。

同时,作为再融资中的重要方式之一的可转债,除具有一般再融资的特点外,还融合了债券和股票的特性,能较好地解决公司所面临的代理问题。理论上而言,可转债能够降低股东和债权人之间的代理问题(Green,1984),甚至通过对其条款的有效设置,还能够降低股东与经理层之间的代理问题,减少过度投资(Mayers,1998;Isagawa,2000),因此,可以合理推断发行可转债成功公司的绩效应该优于融资失败的公司。

8.1.2 样本选择和数据来源

鉴于我国可转债在 2000 年后才获得较大的发展,本节以 2000 年及之后发行可转债的公司为初始样本,之后依次执行了以下样本筛选程序:(1)剔除 2008 年以后发行可转债的公司。由于我们重点关注发行可转债后公司的长期绩效,因此,要求至少可观测到公司发行后三年的财务数据,故剔除 2008 年以后发行可转债的公司。(2)剔除金融行业上市公司,因为这些公司存在行业特殊性。(3)为了消除重复发行可转债所导致的期间叠加影响,我们仅选择第一次发行可转债的公司为样本。[①] 经筛选,最终我们获得 52 家发行可转债的样本。之后,采用 PSM 配对方法对发行可转债的样本公司按 1 配 2 进行配对,共获得 156 个样本,其中发行可转债的样本为 52 个,配对样本为 104 个。

虽然我们已经采用 PSM 配对方法以克服传统配对的缺陷,使配

---

① 在稳健性测试中,我们将每次可转债的发行视为一个样本,重新进行验证,主要结论仍保持不变。

对后关键变量在两组公司之间不存在显著性差异(Li等,2006),但是,其前置条件要求再融资对所有公司的效用是无差别的这一非客观事实,并且配对公司的发行倾向是采用模拟的方法获得与实际发行倾向之间存在差异,故仍无法完全解决再融资中的自选择问题,研究结论可能仍存在偏误。

有别于西方的注册制,我国资本市场中的核准制对上市公司可转债融资的程序提出了特殊的要求。核准制要求,上市公司即使达到可转债融资的条件,其可转债融资主要条款仍不仅需要通过股东大会表决,还须由证监会审核批准。然而,在公司可转债融资主要条款已通过股东大会批准,等待证监会审核时,发行公司可能由于各种外生原因,比如,国家融资政策发生变化、审批时间过长等取消再融资计划。我国的核准制以一种外生力量将达到可转债融资条件的拟再融资公司分成再融资成功的公司和失败的公司两组样本。鉴于这两组样本公司在融资方式的选择及再融资意愿上不存在显著性差异,可以避免再融资中的自选择问题,这为我们的研究提供了天然的实验场所。

为了获得更稳健的研究结论,我们也采用发行未成功的公司为发行可转债成功的公司进行配对,进一步验证可转债发行后的经济后果。我们选择1998—2008年经股东大会表决通过可转债融资方案的所有拟再融资公司作为初始样本。另外,我们还执行了如下筛选程序:第一,由于我们的研究考察可转债融资后三年内的长期绩效,为了防止相邻两次融资对其重叠期间的双重影响,我们剔除了三年内反复融资的公司。第二,剔除因公司业绩下滑原因而停止实施可转债融资计划的公司。该类公司停止实施融资计划的原因是由于自身绩效的下滑,不是由外生事件造成的,故剔除之。第三,剔除未通过证监会审核的公司。如果因存在潜在重大问题而未获得证监会审核的公司占未通过样本的多数比例,其未来的绩效可能会严重下滑,将该类公司归入可转债融资失败子样本时,将会使该子样本的绩效均值被低估。为了获得更稳健的研究结论,我们剔除未通过证监会审核的公司。在稳健性测试中又将该类公司纳入样本,重新检验了相关假设,主要结论不变。第四,剔除金融行业上市公司,因为这些公司存在行业特殊性。

本节所使用的拟采用可转债融资公司的基础数据和财务数据均来自 Wind 数据库,股票数据和公司治理数据则来自 CCER 数据库。对于可疑的数据,我们将 Wind 数据库和 CCER 的数据进行了核对。本节的数据处理全部采用 Stata 10.0 计量分析软件进行。

8.1.3 研究模型和变量定义

我们采用如下模型按时间序列检验可转债发行后发行公司和配对样本之间的绩效差异:

$$\text{Performance}_{i,t} = A_0 + A_1 \text{Issue}_{i,t}(\text{or success}_{i,t}) + B_i \sum \text{Control} + \text{fixed effect} + \xi_{i,t} \quad \text{模型}(8\text{-}1)$$

其中,Performance 是绩效变量,为了更好地与已有研究直接进行比较(Cheng,2003;Li 等,2006;陆正飞等,2006),我们采用总资产回报率(ROA)、调整的总资产回报率(Adj_ROA)、净资产回报率(ROE)和托宾 Q 值(Tobin Q)来衡量公司的绩效。Issue 表示样本公司的发行状态,如果公司发行可转债则取 1,否则为 0。我们关注的是 Issue 的系数 A_1 的符号,如果 A_1 显著小于零,则表示发行可转债的公司绩效显著差于未发行可转债的公司;如果 A_1 显著大于零,则反之。success 是哑变量,表示公司可转债融资的成败状态,如果可转债融资成功则取 1,否则为 0。我们关注的是 success 的系数 A_1,如果其为正,则表示可转债融资成功的公司较失败的公司绩效更好,可转债不只是"圈钱",假设获证。

不可否认,在我国再融资中的盈余管理行为广泛存在(陆正飞等,2006),而可转债发行后的绩效也可能会受到盈余管理因素的影响。因此,我们采用如下模型进一步验证控制当期和发行前盈余管理后可转债发债公司的绩效:

$$\text{Performance}_{i,t} = A_0 + A_1 \text{Issue}_{i,t}(\text{or success}_{i,t}) + B_i \text{B\_EM}_{i,t}$$
$$+ C_i \sum \text{Control} + \text{fixed effect} + \xi_{i,t} \quad \text{模型}(8\text{-}2)$$

其中,B_EM 表示发行前盈余管理程度。由于当前盈余管理程度(EM_t)也会影响公司的绩效,检验中在模型(8-2)中对其进行了控制。鉴于传统模型对应计项目非线性考虑不足的缺陷(Ball 等,2006),我们借鉴已有的研究(Dechow 等,2002;Wang,2006;王兵,2007),采用调整后的 DD 模型计算盈余管理程度,模型如下:

$$\text{ACC}_{i,t} = a_0 + a_1 \text{CF}_{i,t-1} + a_2 \text{CF}_{i,t} + a_3 \text{CF}_{i,t+1}$$
$$+ a_4 \text{DCF}_{i,t} + a_5 \text{DCF}_{i,t} * \text{CF}_{i,t} + \varepsilon_{i,t} \quad \text{模型}(8\text{-}3)$$

其中 $\text{ACC}_{i,t}$ 表示在 t 时刻 i 公司的总应计额除以 t 时刻平均总资产。t 时刻的总应计额为净利润减去经营活动现金净流量。$\text{CF}_{i,t-1}$、$\text{CF}_{i,t}$ 和 $\text{CF}_{i,t+1}$ 分别表示 i 公司 $t-1$、t 和 $t+1$ 时刻的经营现金净流量除以相应时期的平均总资产。$\text{DCF}_{i,t}$ 是虚拟变量,当 $\text{CF}_{i,t} - \text{CF}_{i,t-1} < 0$ 时取 1,否则为零。残差 $\varepsilon_{i,t}$ 反映了应计额中不被客观经济交易所解释的部分,其绝对值则为盈余管理程度的代理变量。

虽然我们在采用 PSM 方法配对时已经考虑了规模的影响,但考虑到发行可转债后公司的规模较发行前有较大的变化,我们也将规模作为控制变量纳入模型(8-1)和模型(8-2)中。由于 PSM 配对时已经考虑了行业的影响,同时为了避免由于样本较小导致的行业共线性问题,我们借鉴 Teoh 等(1998)和辛清泉等(2009)的做法,将样本按是否属于保护性行业进行分类。① 根据已有研究(陆正飞等,2006;杜沔等,2007),我们还控制了成长性、风险、所有权性质和股权集中度对公司绩效的影响。模型(8-1)和模型(8-2)中的主要变量定义如表 8-1:

---

① 参照辛清泉等(2009)的做法并根据证监会行业分类标准,我们将如下行业划分为保护性行业:B—采掘业,C41—石油加工及炼焦业,C65—黑色金属冶炼和压延加工业,C67—有色金属冶炼和压延加工业,D—电力、煤气及水的生产和供应业,F—交通运输、仓储业。

表 8-1 主要变量定义

	变量描述	变量符号	变量说明
被解释变量	公司绩效(performance)	ROA	当年息税前利润/年初年末平均总资产
		ROE	当年息税前利润/年初年末平均净资产
		Adj_ROA	当年营业利润/年初年末平均总资产
		Tobin Q	(年末流通股股数×年末股价+年末非流通股股数×年末每股净资产+年末负债总额)/年末资产账面价值
解释变量	发行状态	Issue	如果发行可转债则为1,否则为0
	发行前盈余管理	B_EM	发行前一年盈余额管理程度,详见 8.1.3 中的描述
控制变量	公司规模	Size	年末资产总额的自然对数
	风险	Risk	年末负债总额/年末资产总额
	成长性	Grow	(本年营业务收入−上年营业收入)/上年营业收入
	所有权性质	Owner	最终控制人为国有,取值为1,否则为0
	股权集中度	Top1	第一大股东持股比例
	当年盈余管理	EM_t	发行后第 t 年盈余管理程度

8.2 盈余管理与可转债发行后绩效

8.2.1 描述性统计

表 8-2 中 Panel A、Pane B 和 Panel C 报告了 PSM 方法配对后,规模(Size)、股票回报率(RET)以及账面价值与市场价值比(B/M)在发行可转债样本和配对样本之间的均值检验结果。用于计算 PS 值的公司特征变量的均值检验在两组样本之间不显著,表明研究中所采用的 PSM 方法的正确性。而 Panel D、Pane E 则分别报告了发行前一年两组样本的会计绩效在水平值上的比较,T 值仍不显著,表明发行前,两组样本的绩效不存在显著差异。如果发行可转债之后绩效存在差异,则可以合理推断,发行可转债事件是导致两组公司之后绩效存在差异的原因,从而有利于验证可转债发行的经济后果。

表 8-2 PSM 配对方法的描述性统计

Panel A:Size

项目	样本数	均值	标准差	均值差	T 值	P-value
发行可转债	52	22.1123	0.1191	−0.1173	−0.9379	0.3498
配对样本	104	22.2295	0.0657			

Panel B:RET

项目	样本数	均值	标准差	均值差	T 值	P-value
发行可转债	52	0.3302	0.1180	0.0433	0.2726	0.7855
配对样本	104	0.2869	0.1003			

Panel C:B_M

项目	样本数	均值	标准差	均值差	T 值	P-value
发行可转债	52	0.7829	0.0325	0.0337	0.7990	0.4256
配对样本	104	0.7492	0.0255			

Panel D:ROA

项目	样本数	均值	标准差	均值差	T 值	P-value
发行可转债	52	0.0852	0.0049	0.0091	1.4953	0.1370
配对样本	104	0.0761	0.0037			

(续表)

Panel E：ROE

项目	样本数	均值	标准差	均值差	T值	P-value
发行可转债	52	0.1158	0.0060	0.0011	0.1148	0.9088
配对样本	104	0.1147	0.0061			

表 8-3 是对主要变量的描述性统计，其中，样本数表示自发行(或配对)当年($t=0$)到发行(或配对)之后三年($t=3$)的混合截面样本数。从表 8-3 中可知，绩效中托宾 Q 值(Tobin Q)的方差较大，并且托宾 Q 值(Tobin Q)的最大值为 245.1，数据中可能存在异常值。为了防止异常值对研究结论的影响，研究中对变量进行了上下 1% 分位数的 Winsorize 处理后参与回归。另外，规模(Size)的标准差较大，而发行前一年，规模(Size)之间不存在显著性差异，说明发行可转债事件对两组样本的规模产生了影响，应在回归分析中予以控制。

表 8-3 描述性统计

变量	样本数	均值	中位数	方差	最小值	最大值
ROA	840	0.05	0.05	0.05	-0.10	0.20
Adj_ROA	840	0.06	0.05	0.06	-0.13	0.25
ROE	840	0.11	0.10	0.10	-0.28	0.43
Tobin Q	840	15.22	1.20	38.31	0.76	245.10
Issue	840	0.34	0.00	0.47	0.00	1.00
Size	840	22.79	22.73	0.87	20.92	24.95
Risk	840	0.54	0.56	0.15	0.18	0.80
Grow	840	0.19	0.12	0.29	-0.44	1.53
Owner	840	0.78	1.00	0.41	0.00	1.00
EM	840	0.02	0.02	0.02	0.00	0.12
Top1	840	0.11	0.06	0.20	0.01	0.77
B_EM	783	0.02	0.02	0.02	0.00	0.08

表 8-4 报告了主要变量之间的相关系数。从表 8-4 可知，解释变量之间的相关系数较高，尤其是总资产回报率(ROA)与调整的总资产

回报率(Adj_ROA)之间的相关系数高达90%以上,而与托宾 Q 值 (Tobin Q)的相关系数较低。自变量之间的相关系数较低,应该不存在需要引起关注的共线性问题。

表 8-4 主要变量的相关系数

	ROA	Adj_ROA	ROE	TobinQ	Issue	EM	B_EM
ROA	1.000						
Adj_ROA	0.932	1.000					
ROE	0.876	0.802	1.000				
Tobin Q	-0.165	-0.141	-0.137	1.000			
Issue	-0.038	-0.032	-0.050	-0.032	1.000		
EM	0.355	0.333	0.253	0.160	-0.074	1.000	
B_EM	0.337	0.299	0.290	-0.026	0.024	0.290	1.000

8.2.2 多元回归结果

从表 8-5 可知,发行状态(Issue)系数都为负数,除托宾 Q 值(Tobin Q)外其他表征的公司绩效的指标都在1%水平显著,这表明发行可转债的公司较配对公司业绩显著更差。同时,除回归(3)调整的 R^2 只有 0.193 外,其他回归的调整的 R^2 都在31%以上,并且所有回归的 F 值都在 8.148 以上,所有变量的符合理论预期,表示研究中的回归设定不存在显著问题。

表 8-5 可转债发行后公司绩效

	(1) ROA	(2) Adj_ROA	(3) ROE	(4) Tobin Q
Constance	-0.165***	-0.279***	-0.394***	131.216***
	(-3.66)	(-5.92)	(-3.59)	(3.57)
Issue	-0.009***	-0.012***	-0.020***	-0.855
	(-3.80)	(-3.72)	(-3.46)	(-0.42)

（续表）

	(1) ROA	(2) Adj_ROA	(3) ROE	(4) Tobin Q
Size	0.014***	0.020***	0.027***	-6.272***
	(7.23)	(9.37)	(5.50)	(-3.82)
Risk	-0.184***	-0.233***	-0.170***	20.521***
	(-16.53)	(-17.78)	(-5.97)	(2.87)
Grow	0.040***	0.053***	0.093***	-3.796*
	(7.35)	(7.64)	(7.24)	(-1.71)
Owner	-0.001	0.001	-0.006	-0.042
	(-0.13)	(0.37)	(-0.69)	(-0.02)
Top1	-0.000**	-0.001	-0.001**	0.080
	(-2.33)	(-1.04)	(-1.99)	(0.36)
Year	已控制	已控制	已控制	已控制
Industry	已控制	已控制	已控制	已控制
N	840	840	840	840
adj. R^2	0.379	0.407	0.193	0.313
F	17.605	23.706	8.148	10.513

注：*表示在10%的水平上显著，**表示在5%的水平上显著，***表示在1%的水平上显著。因模型存在不同程度的异方差，因此，我们采用White修正方差对 t 统计量进行了修正，表内报告的 T 值即为修正后的结果。

但是，鉴于盈余管理在我国的广泛存在，其可能会影响公司的会计绩效，表8-6报告了控制当期和发行前盈余管理后的公司绩效。从表8-6可知，除回归(4)以外，发行状态(Issue)的系数都在1%统计水平上显著为负数，表明在考虑了盈余管理的因素以后，发行可转债的公司较配对公司的会计绩效显著更差，而市场绩效却没有显著性的差异。总体而言，除回归(4)外，当期盈余管理(EM)对绩效的影响不显著，而发行前盈余管理行为却显著地影响公司的绩效，这表明发行前盈余管理行为对公司之后的绩效影响更大。这也从另一个角度支持了Teoh等(1998)提出的发行前盈余管理行为是公司绩效下滑的原因之一的理论。

表 8-6　盈余管理对公司绩效的影响

	(1) ROA	(2) Adj_ROA	(3) ROE	(4) Tobin Q
Constance	-0.135***	-0.258***	-0.342***	127.257***
	(-2.90)	(-5.23)	(-2.95)	(3.52)
Issue	-0.008***	-0.009***	-0.017***	-0.149
	(-3.38)	(-3.07)	(-3.12)	(-0.07)
Size	0.012***	0.018***	0.023***	-6.039***
	(5.58)	(7.69)	(4.22)	(-3.69)
Risk	-0.160***	-0.208***	-0.125***	17.309**
	(-13.28)	(-14.53)	(-3.84)	(2.40)
Grow	0.031***	0.042***	0.076***	-4.293*
	(6.05)	(6.71)	(6.05)	(-1.77)
Owner	0.001	0.002	-0.003	0.260
	(0.26)	(0.61)	(-0.32)	(0.09)
Top1	-0.000**	-0.000	-0.001**	0.167
	(-2.54)	(-1.35)	(-2.23)	(0.68)
EM	0.387***	0.442***	0.440	119.107
	(3.53)	(3.29)	(1.55)	(1.50)
B_EM	0.463***	0.492***	1.214***	-188.209***
	(-3.88)	(-2.99)	(-1.86)	(-1.01)
Year	已控制	已控制	已控制	已控制
Industry	已控制	已控制	已控制	已控制
N	783	783	783	783
adj. R^2	0.465	0.478	0.247	0.334
F	25.721	27.000	10.240	9.157

注：* 表示在10%的水平上显著，** 表示在5%的水平上显著，*** 表示在1%的水平上显著。因模型存在不同程度的异方差，因此，我们采用 White 修正方差对 t 统计量进行了修正，表内报告的 T 值即为修正后的结果。

8.3 可转债融资成败公司的绩效比较

通过对可转债融资当年至之后三年混合截面数据进行回归,表 8-7 报告了可转债融资成功公司与失败公司的绩效差异。在表 8-7 中,以会计指标衡量的绩效的回归中,融资状态 Success 的系数为正,且在 10% 统计水平以上显著,表明融资成功公司的绩效优于失败公司,研究假设获得证明。

表 8-7　融资成败公司的绩效比较

	(1) ROA	(2) Adj_ROA	(3) ROE	(4) Tobin Q
Constance	0.029	0.045	−0.040	41.226
	(0.51)	(0.62)	(−0.35)	(0.91)
Success	0.014***	0.010*	0.035***	−0.775
	(3.12)	(1.66)	(3.20)	(−0.27)
Size	0.003	0.002	0.008	−1.602
	(1.25)	(0.72)	(1.39)	(−0.75)
Risk	−0.143***	−0.146***	−0.182***	12.715
	(−8.26)	(−8.06)	(−3.43)	(0.82)
Grow	0.028***	0.037***	0.078***	−9.204***
	(3.54)	(3.78)	(3.52)	(−2.66)
Owner	−0.006	−0.002	−0.019*	−7.370*
	(−1.27)	(−0.32)	(−1.66)	(−1.77)
Top1	−0.007	0.003	−0.008	−104.984
	(−0.35)	(0.12)	(−0.15)	(−1.42)
Year	已控制	已控制	已控制	已控制
Industry	已控制	已控制	已控制	已控制
N	540	540	540	540
adj. R^2	0.265	0.240	0.155	0.315
F	6.826	7.389	3.310	6.523

注:* 表示在 10% 的水平上显著,** 表示在 5% 的水平上显著,*** 表示在 1% 的水平上显著。因模型存在不同程度的异方差,因此,我们采用 White 修正方差对 t 统计量进行了修正,表内报告的 T 值即为修正后的结果。

但是,鉴于盈余管理在我国的广泛存在,表 8-8 报告了控制当期和发行前盈余管理后的公司绩效。从表 8-8 可知,除以市场指标表征的公司绩效的回归外,融资状态 Success 在所有回归中都在 10% 统计水平以上显著为正。同时,可以发现,发行前盈余管理对绩效的影响不显著,这同本章第一节中采用 PSM 方法配对时的发现相反。这可能是因为发行前盈余管理水平在融资成功和失败公司之间不存在显著性差异,而 PSM 方法中配对公司与发行公司因不处于相同的融资需求期,公司的盈余管理水平存在较大的差异。

表 8-8 盈余管理对融资成败公司的绩效影响

	(1) ROA	(2) Adj_ROA	(3) ROE	(4) Tobin Q
Constance	0.004	0.026	-0.132	54.958
	(0.06)	(0.37)	(-0.90)	(1.27)
Success	0.014***	0.009*	0.031***	-1.515
	(3.05)	(1.69)	(2.92)	(-0.44)
Size	0.003	0.002	0.011	-2.130
	(1.15)	(0.60)	(1.54)	(-1.00)
Risk	-0.137***	-0.142***	-0.179***	13.493
	(-6.90)	(-6.78)	(-3.10)	(0.79)
Grow	0.028***	0.036***	0.081***	-9.078***
	(3.34)	(3.62)	(3.38)	(-2.64)
Owner	-0.006	-0.001	-0.021	-7.084
	(-1.12)	(-0.18)	(-1.59)	(-1.61)
Top1	-0.007	0.002	0.004	-106.246
	(-0.32)	(0.07)	(0.06)	(-1.45)
EM	0.088	0.263	-0.822	-11.432
	(0.28)	(0.86)	(-0.93)	(-0.10)
B_EM	0.079	-0.039	0.128	-116.578
	(0.48)	(-0.21)	(0.29)	(-1.58)
Year	已控制	已控制	已控制	已控制
Industry	已控制	已控制	已控制	已控制

（续表）

	(1) ROA	(2) Adj_ROA	(3) ROE	(4) Tobin Q
N	510	510	510	510
adj. R^2	0.237	0.225	0.161	0.313
F	6.892	6.397	3.540	6.128

注：*表示在10%的水平上显著，**表示在5%的水平上显著，***表示在1%的水平上显著。因模型存在不同程度的异方差，因此，我们采用White修正方差对t统计量进行了修正，表内报告的T值即为修正后的结果。

然而，上述结论还存在一个替代性假说，即证监会等有足够的能力区分好公司和坏公司，选择了更好的公司进行可转债融资。如果因为某些未知因素导致绩效好的公司出现在融资成功的子样本的概率更高或者绩效差公司更多地被归入融资失败子样本中，此时，可转债融资后两类公司的绩效差异只是延续了可转债融资前差异的模式，就不再是可转债融资经济后果的直接体现。因此，有必要验证两类公司可转债融资前的绩效差异，以获得更稳健的结果，表8-9是实证结果。从表8-9可知，在控制了盈余管理程度后，除回归(4)外，发行状态（Success）的系数都不显著，说明融资成功公司与失败公司的绩效在可转债融资前不存在显著性差异。

表8-9 融资成败公司前三年的绩效比较

	(1) ROA	(2) Adj_ROA	(3) ROE	(4) Tobin Q
Constance	0.054	0.036	0.103	4.935***
	(1.12)	(0.51)	(1.20)	(5.48)
Success	0.006	0.003	0.009	−0.263***
	(1.54)	(0.60)	(1.34)	(−3.50)
EM	1.386***	1.350***	1.981***	13.902***
	(5.82)	(4.66)	(6.03)	(2.75)
Size	0.001	0.002	−0.002	−0.171***
	(0.26)	(0.71)	(−0.53)	(−4.17)

（续表）

	（1） ROA	（2） Adj_ROA	（3） ROE	（4） Tobin Q
Risk	-0.076***	-0.120***	0.074**	-0.043
	(-4.82)	(-5.80)	(2.58)	(-0.18)
Grow	0.003**	0.003**	0.009***	0.015
	(2.07)	(1.99)	(2.88)	(0.82)
Owner	0.718	-0.810	-0.401	10.076
	(0.80)	(-0.59)	(-0.24)	(0.69)
Top1	-0.003	0.004	-0.007	0.058
	(-0.74)	(0.68)	(-0.91)	(0.85)
Year	已控制	已控制	已控制	已控制
Industry	已控制	已控制	已控制	已控制
N	216	216	216	216
adj. R^2	0.603	0.441	0.444	0.514
F	15.586	8.829	8.494	9.469

注：* 表示在10%的水平上显著，** 表示在5%的水平上显著，*** 表示在1%的水平上显著。因模型存在不同程度的异方差，因此，我们采用White修正方差对t统计量进行了修正，表内报告的T值即为修正后的结果。

8.4 公司治理与可转债发行后绩效

8.4.1 多元回归结果

好的公司治理通过对权力的配置和对委托方的有效监督不仅能够制约公司的盈余管理行为（高雷等，2008），而且还能制约发行可转债等再融资行为中可能的管理层私利行为，能带来公司价值的真实提高。既然发行前盈余管理是发行后公司绩效下滑的原因之一，好的公司治理应该可以制约之前的盈余管理行为，或者通过有效的机制安排提高公司的长期绩效，从而抑制发行前盈余管理反转效应带来的绩效下滑，故我们预期好的公司治理能够减少可转债发行后公司绩效的下滑,或者能够减弱发行前盈余管理所导致的公司绩效下降的影响。

公司治理是公司实现价值最大化所形成的一系列制度安排,在这些安排中,又尤其以权力的配置和制衡最为基础和重要。我们首先采用台湾 TEJ 金融数据库所计算的公司治理指数(Gscore)从总体上衡量公司的质量水平,并进一步检验公司治理是否能抑制可转债公司发行后绩效的下滑或减弱发行前盈余管理的反转效应。为了进一步验证公司治理对发行前盈余管理反转效应的制约作用,我们引入发行状态(Issue 或者 Success)与发行前盈余管理(B_EM)的交互项。检验中,我们最感兴趣的是发行状态(Issue 或者 Success)与发行前盈余管理(B_EM)的交互项的系数的符号。如果显著为负,则表示发行前盈余管理反转效应对可转债发行后公司的绩效具有显著影响。表 8-10 报告了公司治理对公司绩效的影响以及对发行前盈余管理的反转效应的抑制作用,为了节约篇幅只报告了以因变量总资产报酬率(ROA)进行回归的结果,以其他表征绩效的变量进行的回归的实证结论没有发生实质性改变。

表 8-10　公司治理对绩效的影响(PSM 方法)

	公司治理水平高的组		公司治理水平低的组	
	(1) ROA	(2) ROA	(3) ROA	(4) ROA
Constance	-0.033	-0.032	-0.238***	-0.236***
	(-0.47)	(-0.46)	(-3.66)	(-3.59)
Issue	-0.004	-0.001	-0.010***	0.001
	(-1.20)	(-0.26)	(-3.54)	(0.19)
Size	0.007***	0.007***	0.016***	0.016***
	(2.75)	(2.68)	(4.99)	(4.92)
Risk	0.001	0.001	-0.008**	-0.008**
	(0.11)	(0.20)	(-2.00)	(-2.05)

（续表）

	公司治理水平高的组		公司治理水平低的组	
	(1) ROA	(2) ROA	(3) ROA	(4) ROA
Grow	-0.171***	-0.170***	-0.133***	-0.135***
	(-9.61)	(-9.54)	(-7.98)	(-8.06)
Owner	0.022***	0.022***	0.035***	0.034***
	(3.31)	(3.34)	(5.42)	(5.34)
Top1	-0.001	-0.001	-0.001***	-0.001***
	(-1.01)	(-0.99)	(-2.94)	(-2.72)
EM	0.559***	0.554***	0.115	0.121
	(4.32)	(4.24)	(0.66)	(0.70)
B_EM	0.534***	0.587***	0.319**	0.459***
	(3.83)	(2.89)	(2.49)	(3.16)
B_EM * Issue		-0.128		-0.583**
		(-0.56)		(-2.56)
Year	已控制	已控制	已控制	已控制
Industry	已控制	已控制	已控制	已控制
N	369	369	414	414
adj. R^2	0.539	0.538	0.385	0.393
F	22.502	21.411	13.911	13.728

注：*表示在10%的水平上显著，**表示在5%的水平上显著，***表示在1%的水平上显著。因模型存在不同程度的异方差，因此，我们采用White修正方差对t统计量进行了修正，表内报告的T值即为修正后的结果。

表8-10中，公司治理指数由台湾TEJ金融数据库获得，数值越大表示公司治理水平越好，我们将公司治理指数按中位数分成高低两组。表中回归(1)和回归(3)是验证公司治理对可转债发行后绩效的影响，而回归(2)和回归(4)则是验证公司治理对发行前盈余管理反转效应的影响。从回归(1)和回归(3)可知，发行状态（Issue）在公司治理水平低的组中系数在1%统计水平上显著为负，但在公司治理水平高的组中则不显著，且其组间系数差异并不显著。这表明公司治理不能制约发行后公司绩效的下滑。从回归(2)和回归(4)中，研究发

现,虽然发行状态(Issue)和发行前盈余管理程度(B_EM)的交互项(Issue * B_EM)系数都为负数,但是却只在公司治理水平低的子样本中显著。进一步的检验发现,组间交互项(Issue * B_EM)系数之差仍在5%统计水平上显著,这说明公司治理能制约发行前盈余管理的反转效应。

8.4.2 敏感性测试

为了获得更稳健的结果,我们改用分行业估计的Jones基本模型计算盈余管理程度,重新进行相关检验,主要结论没有发生实质性改变。由于我国再融资以近三年的利润为"门槛"指标,盈余管理行为可能在此期间都比较频繁,我们采用再融资前三年平均盈余管理程度替代发行前一年的盈余管理程度,重新进行相关检验,主要结论仍保持不变。为了扩大样本,我们也采用1配3的PSM方法重新配对并检验,研究结论仍没有发生显著改变。

在对发行可转债成败公司的绩效进行比较时,将未通过证监会审核的公司重新纳入样本,并进行了相关的检验。如果因存在潜在重大问题而未获得证监会审核的公司占未通过样本的多数比例,其未来的绩效可能会严重下滑,将该类公司归入可转债融资失败子样本时,将会使该子样本的绩效均值被低估,从而使研究结论可能存在偏误,故我们在之前的回归中将其剔除。为了获得更稳健的研究结论,我们加回未通过证监会审核的公司后,重新检验了相关假设,主要结论不变。其次,由于可转债融资导致规模的较大变动,而融资没有成功的公司规模则不会因融资而发生较大的变化,因此,我们参照Chen(2007)的做法,控制发行前一年的规模(Size),重新进行了相关检验,研究结论仍保持不变。同时,我们还执行了如下敏感性测试,将市场指标由Tobin Q替代为RET作为公司绩效的表征变量,并对主要变量进行了1%分位数的Winsorize,结论仍没有发生实质性变化。因此,可以认为,我们的研究结论比较稳健。

8.5 本章小结

本章从盈余管理、融资成败公司和公司治理三个角度研究了发行可转债的经济后果。在从盈余管理角度对经济后果进行研究时,为了克服传统配对方法的局限,我们首先采用 PSM 方法为 2000—2008 年间发行可转债的公司配对。我们发现,当控制当期盈余管理和发行前盈余管理后,可转债发债公司的绩效显著差于配对公司。但是,鉴于 PSM 方法仅是对发行倾向的模拟,我们从可转债融资成败公司的角度,即采用可转债融资失败的公司为配对样本,重新对发行可转债的经济后果进行了研究。有趣的是,研究发现,不同于"圈钱"假说,在控制了其他因素的影响后,可转债融资成功公司的绩效比失败公司显著更好。可转债融资更多的是融资优序理论和公司权衡可转债融资的成本和收益的结果,而不是"圈钱",这与 Chementi(2002) 和 Spiegel 等(2008)的推论是一致的。另外,我们还发现,有微弱的证据支持公司治理能有效地制约发行前盈余管理的反转效应。

首先,我们的研究不同于已有研究聚焦于可转债发行后短期市场反应或绩效检验(刘娥平,2005;杨如彦等,2006;张雪芳,2008),我们关注可转债发行后三年内的长期绩效,进一步丰富了我国可转债的基础性研究。其次,我们在研究中,运用 PSM 方法或者我国特殊制度下的自然实验,控制了研究中的自选择问题,使研究的结论更稳健。再次,我们的研究为我国再融资"圈钱"与再融资市场持续发展之间的悖论提供了解释。我们以再融资的方式之一——可转债融资为样本,验证我国再融资的"圈钱"动机。我们发现,融资成功的公司比失败的公司长期绩效更好,可转债融资更多是投资者和公司理性选择的结果。

最后，我们的研究也为"再融资之谜"提供了部分解释。再融资后绩效的下降可能是由于企业选择将盈利能力中等的项目留给外源融资，而采用内源融资满足盈利能力高的项目，从而间接支持了 Chementi(2002)和 Spiegel 等(2008)的理论。

第9章 全书总结

9.1 研究结论

自2000年以来,我国可转债虽然获得了一定的发展,但是无论是其融资规模还是发展速度都同西方市场存在较大差距。我国"十二五"规划建议提出"加快多层次资本市场体系建设,显著提高直接融资比重,并积极发展债券市场"的构想,为我国可转债市场的发展提供了良好契机。但是,由于我国债券市场发展较晚,针对债券市场的基础研究还比较匮乏。鉴于可转债是我国债券市场的重要组成部分,在我国最先获得发展,并已具有一定的规模,我们以2000—2008年发行可转债的公司为样本,对可转债的治理功能和资源配置效率进行了研究,以丰富我国债券市场的基础研究。总体而言,可转债能发挥其对代理问题的治理功能,尤其能有效缓解股东与债权人以及大小股东之间的代理问题,并实现资源的有效配置。

1. 可转债能显著降低股东与债权人之间的代理问题。具体而言:

(1) 可转债不仅能缓解投资不足,而且能有效制约过度投资,并且条款的设置差异对其治理功能具有显著影响。我们首先使用 Rich-

ardson(2006)模型估计公司过度投资与投资不足的程度,并检验了可转债对于公司无效投资行为的双向治理功能。我们发现,无论过度投资或投资不足,与发行前一年相比较,都在可转债发行后得到了显著的矫正。并且,对样本公司相邻两期间投资效率变化的考察表明,可转债能够根据公司上年的无效投资类型调整其治理方向,并始终驱动发行公司的投资行为向最优投资值靠近。即使采用PSM方法对发行可转债的公司配对,并重新检验研究假设,研究结论仍保持不变。进一步的研究还发现,可转债契约中特别向下修正、赎回和回售条款所预先设定的被触发和被执行的概率上的差别,会对可转债上述治理功能的实现程度产生重要影响。

(2)虽然以恢复可转债对债权人转股激励效应为初衷的向下修正行为更多表现为管理层私利动因,但在股东与债权人代理成本大的公司和股东与经理层代理成本小的公司中却表现为恢复债权人的激励效应的动因(即优化合同动机)。具体而言,我们根据是否在发行后三年内有向下修正行为将样本分成向下修正的样本和配对样本,并从在职消费、薪酬业绩敏感系数和高管权力三个方面衡量了发债公司的经理层与股东的代理冲突,从大股东持股比例和股权制衡度两个方面刻画了发债公司大小股东之间的代理问题,并从经营风险和融资约束风险两个角度对优化合同动机进行衡量,进一步分析了这些因素对向下修正行为的影响程度和重要性。在控制了其他因素的影响后,我们发现,虽然优化合同动机也显著影响发债公司的向下修正行为,但是主导动机却是管理层私利,其中管理层在职消费因素的影响尤其显著。

(3)可转债能显著降低公司的资产替代行为。从可转债融资资金的使用途径、公司经营风险和股票风险三个角度刻画公司的资产替代行为,我们发现,可转债发行以后公司资产替代行为显著降低。为了控制时间趋势引致的系统性资产替代行为的减少,我们采用了 PSM 配对方法重新检验可转债对资产替代的治理效应。基于发行前配对公司与发行公司之间的资产替代不存在显著性差异,而可转债发行后,发行公司的资产替代显著少于配对公司,故我们认为,即使在我国特殊的制度背景下,可转债仍能缓解债权人与股东的代理问题,制约资产替代行为。

2. 可转债对缓解股东与经理层之间的代理问题具有一定的作用。具体而言:

(1) 可转债对无效投资行为具有双向治理作用。虽然我们将 Shleifer 等(1989)的分析框架作适度的延展,从模型上证明了可转债能制约股东与经理层代理冲突所导致的无效投资,但是因可转债样本较小,在实证检验中我们无法将两类代理问题分开进行验证,故认为可转债对缓解股东与经理层的代理问题有一定的作用。

(2) 总体而言,可转债对经理层不存在增量激励效应,即可转债与经理层激励制度不存在显著的互补关系,但是,在融资约束比较大的公司却存在显著的激励效应。我们通过薪酬业绩敏感度对可转债对经理层的增量激励效应进行了验证,在总样本中,我们没有发现支持可转债与经理层激励制度具有互补或者替代关系的证据。但是,在融资约束大的公司,我们却发现可转债与经理层激励制度之间是互补关系,表现出其激励效应。具体而言,在民营公司、设立时间相对较短、公司规模比较小的公司里,可转债发挥显著的增量激励效应,即与经理层激励制度为互补关系。

3. 可转债能有效制约大股东的掠夺行为,保障中小股东的利益。基于我国政府干预情况比较严重,间接负债融资的"软约束"对大股东的掏空行为并不存在制约作用。但是,直接负债融资方式之一的可转债却具有相对较硬的约束,能够有效制约大股东的掠夺行为。具体而言,我们发现,可转债发行后,无论是发行公司发行前后自身的比较,还是与发行前并无显著差异的配对公司相比,发行公司大股东的掠夺行为均得到了明显的抑制。进一步的检验还表明,可转换债券对大股东掠夺行为的治理功能主要源自其市场化操作模式下的高契约再谈判成本所带来的硬约束特质,即可转债的这种制约作用在国有公司中表现更显著。

4. 在分别验证了可转债对三类治理问题的治理作用后,我们进一步从总体上验证了可转债的治理效应,即其是否能达到资源的有效配置。我们发现,在考虑了可转债融资的自选择问题后,可转债能有效地配置资源,即发行可转债的公司的绩效更好。具体而言,我们首先采用 PSM 方法以克服传统配对方法的不足,并对可转债发行后三年的长期绩效进行了研究。我们发现,虽然发行可转债的公司与配对公司的绩效不存在显著性差异。但是,在控制了盈余管理的影响后却显著更差。基于 PSM 方法仅是对发行倾向的模拟,我们利用我国可转债融资核准制背景,即可转债融资公司被一系列外生事件划分为可转债融资成功和失败公司,重新对可转债融资的长期绩效进行了验证。有趣的是,我们发现,在控制了其他因素的影响后,可转债融资成功公司的绩效比失败公司显著更好,并且两类公司在可转债融资前绩效并不存在显著性差异。公司的可转债融资策略更可能是对外融资收益(如规模经济或者对外融资的资本成本)与成本(如信息泄露成本及对外融资的固定成本等)权衡的结果。因此,我们认为,可转债融资能有效地进行资源配置。

遗憾的是,虽然在融资金额方面可转债已成为我国主要的再融资方式之一,但其发行数量还较少,这将影响我们研究结论的外部有效性和更深入的研究。比如,我们无法进一步区分可转债是对股东与经理层代理冲突导致的无效投资具有治理作用,还是对股东与债权人代理问题导致的无效投资具有代理作用,更遑论对何种代理冲突的治理效应更显著。另外,在对向下修正行为的经济后果研究中,同样受样本量的限制,我们不能进一步观测到市场是否对股东与经理层代理成本存在差异的公司进行向下修正行为时给予了不同的反应。

9.2 政策含义

从我们的研究结论可知,可转债能显著地降低股东与债权人之间的代理问题,也能够制约大股东的掠夺行为,总体上而言,可转债能有效地进行资源配置。但是,就目前而言,发行可转债的监管条件比较苛刻。因可转债同时兼具债性和股性,证监会要求其发行条件不仅要满足发债的条件,而且也要满足发股的条件,制约了可转债的发行数量。除较苛刻的发行条件外,证监会发审委还严格控制可转债的通过率。自1998年到2008年,拟发行可转债的公司为161家,而被批准的只有61家,通过率不到40%;而同期拟增发的公司为874家,有471家获得批准通过,通过率为54%;申请配股的公司为555家,有347家获得了通过,通过率为63%。相比较而言,可转债的通过率在主要的三种再融资中最低。然而,鉴于可转债优良的治理功能和有效的资源配置效率,应适当修改相应的监管政策,并提高可转债的通过率,以鼓励上市公司发行可转债进行融资,发展我国的债务市场。

其次,我们发现,在我国,可转债主要通过其监督机制发挥作用,而忽略了对其激励机制的使用,并且其激励功能在融资约束比较大的公司更显著。虽然,在民营公司、设立时间相对较短或规模比较小的公司里,可转债能发挥显著的激励效应,即与经理层激励制度为互补关系。但是,我国可转债发行条件却要求发行规模在1亿以上,较大的融资规模将影响小规模和年轻的公司选择可转债作为再融资的方式。因此,应适当降低对可转债发行规模等的要求,实质上降低其准入"门槛"。

另外,应鼓励我国可转债条款设计的多样化。我们的研究结论表示,可转债条款上的差异会影响可转债的治理效应,比如,股性可转债与薪酬契约之间为替代关系,而债性可转债却表现为互补关系。然而,目前我国的可转债条款的设计趋于雷同,这必然会影响可转债治理效应的有效发挥,故应鼓励我国上市公司根据其代理问题种类和程度差异设计独特的可转债条款。

9.3 未来研究方向

虽然我国在1991年就已发放了第一只可转债,但是,可转债在我国资本市场所占份额还不大。从我们的研究结论可知,可转债总体而言具有较好的治理公司效果,那么应如何进一步发展我国的可转债市场是我们未来的研究方向。

可转债发行因素的研究是我们感兴趣的方向之一,即找出制约我国可转债市场发展的原因。从我们的研究结论,可以排除衍生自西方制度背景的可转债不适应我国的经济制度背景的假设。那么,导致我国可转债发展比较缓慢的原因,究竟是可转债本身太复杂了,需要有较高专业背景的CFO才能对其进行管理,还是监管层监管太严格,没有一定的政治背景难以通过?因此,可转债发行因素的研究是我们下一步要做的工作。而对可转债条款创新设计研究则是我们关注的另外一个方向。只有公司根据自己特殊的代理问题及程度差异设计出适合自己的可转债,才能既节约融资成本,又具有其应有的治理功能。故可转债的设计研究也是我们未来的研究方向之一。

参 考 文 献

1. Abhyankar, A. and Keng-Yu Ho, Long-run Abnormal Performance Following Convertible Preference Share and Convertible Bond Issues: New Evidence from the United Kingdom, International Review of Economics and Finance, 2006, 15: 97—119.

2. Aissia, D. B., S. Hallara, and H. Eleuch, Long Run Performance Following Seasoned Equity Offering on Tunisian Stock Market: Cumulative Prospect Preference Approach, International Research Journal of Finance and Economics, 2009, 34:83—95.

3. Allen, D. E. and V. Soucik, Long-run Underperformance of Seasoned Equity Offerings: Fact or an Illusion? Mathematics and Computers in Simulation, 2008, 78: 146—154.

4. Anderson, M., R. Banker, and S. Janakiraman, Are Selling, General, and Administrative Costs 'Sticky'? Journal of Accounting Research, 2003, 41: 47—63.

5. Anderson, M., R. Banker, R. Huang, and S. Janakiraman, Cost Behavior and Fundamental Analysis of S&GA Costs, Journal of Accounting, Auditing and Finance, 2007, 22, 1: 1—22.

6. Bagnani, E., N. Milonas, and A. Saunders, Managers, Owners, and the Pricing of Risk Debt: An Empirical Analysis, Journal of Finance, 1994, 45: 453—477.

7. Bainbridge, S. M., Director Primacy and Shareholder Disempowerment, Harvard Law Review, 2006,119: 1735—1758.

8. Ball, R. and L. Shivakumar, The Role of Accruals in Asymmetrically Timely Gain and

Loss Recognition, Journal of Accounting Research, 2006, 44:207—242.

9. Beatty, R. and B. Johnson, A Market Based Method of Classifying Convertible Securities, Journal of Accounting Auditing Finance, 1985, 08: 112—124.

10. Bebchuk, L. A. and J. Fried, Executive Compensation as an Agency Problem, Journal of Economic Perspectives, 2003,17: 71—92.

11. Bebchuk, L. A. and J. Fried, Pay Without Performance: The Unfulfilled Promise of Executive Compensation, Harvard University Press, 2004.

12. Bebchuk, L. A., The Case for Increasing Shareholder Power, Harvard Law Review, 2005, 118: 835—914.

13. Bebchuk, L. A., M. Cremers, and U. Peyer, CEO Centrality, National Bureau of Economic Research, Working Paper, 2007.

14. Bebchuk, L. A., Y. Grinstein, and U. Peyer, Lucky CEOs and Lucky Directors, The Journal of Finance, 2010,65,6: 2363—2401.

15. Bebchuk, L. A., K. J. Cremers and U. C. Peyer, The CEO Pay Slice, Journal of Financial Economics, 2011, 102,1: 199—221.

16. Bergstresser, D. and T. Philippon, CEO Incentives and Earnings Management, Journal of Financial Economics, 2006, 80: 511—529.

17. Berle, A, and G. Means, The Modern Corporation and Private Property, MacMillan, New York, 1932.

18. Bertrand, M. and S. Mullainathan, Are CEOs Rewarded for Luck? The Ones Without Principals Are, The Quarterly Journal of Economics, 2001,116,03:901—932.

19. Bilinski, P., W. Liu, and N. Strong, Does Liquidity Risk Explain the Underperformance Following Seasoned Equity Offerings? SSRN, Working Paper, 2009.

20. Blanchard, O. J., F. Lopez-de-Silanes, and A. Shleifer, What Do Firms Do with Cash Windfalls? Journal of Financial Economics, 1994, 36,3: 337—360.

21. Brennan, M. J. and A. Kraus, Efficient Financing under Asymmetric Information, The Journal of Finance, 1987, 42, 5: 1225—1243.

22. Burlacu, R., New Evidence on the Pecking Order Hypothesis: The Case of French Convertible Bonds, Journal of Multinational Financial Management, 2000, 10:

439—459.

23. Callaghan, S. R., P. J. Saly, and C. Subramaniam, The Timing of Option Repricing, The Journal of Finance, 2004, 59, 4: 1651—1676.

24. Campa, J. M. and S. Kedia, Explaining the Diversification Discount, The Journal of Finance 2002, 57, 4: 1731—1762.

25. Carola, F., Executive Compensation: A New View from a Long-term Perspective, 1936—2005, The Review of Financial Studies, 2010, 23: 2099—2138.

26. Carter, M. E. and J. L. Luann, The Effect of Stock Option Repricing on Employee Turnover, Journal of Accounting and Economics, 2004, 37: 91—112.

27. Carter, M. E. and J. L. Luann, An Examination of Executive Stock Option Repricing, Journal of Financial Economics, 2001, 61, 207—225.

28. Chan, K. H. and Donghui Wu, Aggregate Quasi Rents and Auditor Independence Evidence from Audit Firm Mergers in China, Contemporary Accounting Research, 2011, 28, 1: 175—213.

29. Chance, D. M., R. Kumar, and R. B. Todd, The "Repricing" of Executive Stock Options, Journal of Financial Economics, 2000, 57: 129—154.

30. Chang, S. C., S. S. Chen, and Y. Liu, Why Firms Use Convertibles: A Further Test of the Sequential-financing Hypothesis, Journal of Banking and Finance, 2004, 28, 5: 1163—1183.

31. Chen, K. C. and H. Yuan, Earnings Management and Capital Resource Allocation: Evidence from China's Accounting-based Regulation of Rights Issues, The Accounting Review, 2004, 79: 645—665.

32. Chen, H. W., J. Z. Chen, J. Lobo, and Y. Y. Wang, Association Between Borrower and Lender State Ownership and Accounting Conservatism, Journal of Accounting Research, 2010, 48, 5: 973—1014.

33. Chen, X., J. Harford, and K. Li, Monitoring: Which Institutions Matter? Journal of Financial Economics, 2007, 86: 279—305.

34. Cheng, Y., Propensity Score Matching and the New Issues Puzzle, SSRN, Working Paper, 2003.

35. Chemmanur, T. J., S. He, and D. K. Nandy, The Going-public Decision and the Product Market, Review of Financial Studies, 2010, 23, 5: 1855—1908.
36. Chidambaran, N. K. and N. R. Prabhala, Executive Stock Option Repricing, Internal Governance Mechanisms, and Management Turnover, Journal of Financial Economics, 2003, 69: 153—189.
37. Chou, De-Wai, C. E. Wang, S. S. Chen, and S. Tsai, Earnings Management and the Long-run Underperformance of Firms Following Convertible Bond Offers, Journal of Business Finance & Accounting, 2009, 36,1: 73—98.
38. Clementi, G. L., IPOs and the Growth of Firms, SSRN, New York University, Working Paper, 2002.
39. Constantinides, G. M. and B. D. Grundy, Optimal Investment with Stock Repurchase and Financing as Signals, Review of Financial Studies, 1989, 2, 4: 445—465.
40. Coles, J. L., N. D. Daniel, and L. Naveen, Boards: Does One Size Fit All? Journal of Financial Economics, 2008, 87,2: 329—356.
41. Core, J. E., W. Guay and D. F. Larcker, Executive Compensation, Option Incentives and Information Disclosure, Review of Financial Economics, 2001,10: 191—212.
42. Cremers, K. J. M. and V. B. Nair, Governance Mechanisms and Equity Prices, The Journal of Finance, 2005, 60, 06: 2859—2894.
43. Daniel, F., A. F. Miguel, and C. C. Raposo, Board Structure and Price Informativeness, Journal of Financial Economics, 2011, 99: 523—545.
44. Dechow, M. Patricia and I. D. Dichev, The Quality of Accruals and Earnings: The Role of Accrual Estimation Errors, The Accounting Review, 2002, 77, Supplement: 35—59.
45. Eisdorfer, A., Empirical Evidence of Risk Shifting in Financially Distressed Firms, The Journal of Finance, 2008, 63, 02:609—637.
46. Ertimur, Y., F. Ferri, and S. R. Stubben, Board of Directors' Responsiveness to Shareholders: Evidence from Shareholder Proposals, Harvard Business School, Working Paper, 2008.
47. Esty, B., Organizational form and Risk Taking in the Savings and Loan Industry,

Journal of Financial Economics, 1997, 44: 25—55.

48. Faccio, M. and H. P. Lang, The Ultimate Ownership of Western European Countries, Journal of Financial Economics, 2002, 65:365—95.

49. Fan, J. P. H. and T. J. Wong, Do External Auditors Perform a Corporate Governance Role in Emerging Markets, 2005, 43, 1:36—72.

50. Fan, J. P. H., T. J. Wong, and Tianyu Zhang, Politically Connected CEOs, Corporate Governance, and Post-IPO Performance of China's Newly Partially Privatized Firms, Journal of Financial Economics, 2007, 84: 330—357.

51. Fan, J. P. H., T. J. Wong, and T. Zhang, Institutions and Organizational Structure: The Case of State-owned Corporate Pyramids, Journal of Law, Economics, and Organization, 2013, 29, 6: 1217—1252.

52. Fang, M. and R. Zhong, Default Risk, Firm's Characteristics, and Risk Shifting, SSRN, WorkingPaper, 2004.

53. Ferreira, D., M. A. Ferreira, and C. C. Raposo, Board Structure and Price Informativeness, Journal of Financial Economics, 2011, 99, 3: 523—545.

54. Firth, M., P. Fung, and O. Rui, Corporate Performance and CEO Compensation in China, Journal of Corporate Finance, 2006, 12: 693—714.

55. Firth, M., C. Lin, and H. Zou, Friend or Foe? The Role of State and Mutual Fund Ownership in the Split Share Structure Reform in China, Journal of Financial and Quantitative Analysis, 2010, 45, 3:685—706.

56. Francis, J. R. and C. S. Lennox, Selection Models in Accounting Research, SSRN, Working Paper, 2008.

57. Francois, P., G. Hubner, and N. Papageorgiou, A Dynamic Model of Risk-shifting Incentives with Convertible Debt, SSRN, Working Paper, 2009.

58. Frydman, C. and R. E. Saks, Executive Compensation: A new View from a Long-term Perspective, 1936—2005, Review of Financial Studies, 2010, 23, 5: 2099—2138.

59. Gary, G. and F. A. Schmid, Universal Banking and the Performance of German Firms, Journal of Financial Economics, 2000, 58, 1—2: 29—80.

60. Gavish, B. and A. Kalay, On the Asset Substitution Problem, Journal of Financial

and Quantitative Analysis, 1983, 18: 21—30.

61. Gilson, S., K. John, and L. Lang, Troubled Debt Restructurings: An Empirical Study of Private Reorganization of Firms in Default, Journal of Financial Economics, 1990, 27: 315—355.

62. Green, R. C., Investment Incentives, Debt, and Warrants, Journal of Financial Economics, 1984, 13, 1: 15—136.

63. Gregg, P., S. Machin and S. Szymanski, The Disappearing Relationship Between Directors Pay and Corporate Performance, British Journal of Industrial Relations, 1993, 31: 1—10.

64. Griffin, D., K. Li, H. Yue, and L. Zhao, Cultural Values and Corporate Risk-taking, SSRN, Working Paper, 2010.

65. Gomez, A. and G. Phillips, Why Do Public Firms Issue Private and Public Securities? SSRN, Working Paper, 2005.

66. Gorton, G. and F. A. Schmid, Universal Banking and the Performance of German Firms, Journal of Financial Economics, 2000, 58, 1: 29—80.

67. Grossman, S. And O. Hart, An Analysis of the Principal-agent Problem, Econometrica, 1983, 51: 7—45.

68. Harford, J., Corporate Cash Reserves and Acquisitions, The Journal of Finance, 1999, 54, 6: 1969—1997.

69. Harris, M. and A. Raviv, Control of Corporate Decisions: Shareholders VS. Management, CRSP, Working Paper, 2008.

70. Hansen, R. S., and C. Crutchley, Corporate Earnings and Financings: An Empirical Analysis, The Journal of Business, 1990, 63, 03: 347—371.

71. Holderness, Clifford G., The Myth of Diffuse Ownership in the United States, The Review of Financial Studies, 2007, 22: 1377—1408.

72. Holmstrom, B., Moral Hazard and Observability, The Bell Journal of Economics, 1979, 10: 74—91.

73. Hubbard, R. G., Capital-market Imperfections and Investment, Journal of Economic Literature, 1998, 36: 193—225.

74. Isagawa, N., Convertible Debt: An Effective Financial Instrument to Control Managerial Opportunism, Review of Financial Economics, 2000, 9, 1: 15—26.
75. Isagawa, N., Callable Convertible Debt under Managerial Entrenchment, Journal of Corporate Finance, 2002, 8, 3: 255—270.
76. Jalan, P. and G. Barone-Adesi, Equity Financing and Corporate Convertible Bond Policy, Journal of Banking and Finance, 1995, 19, 2, 187—206.
77. Jeanneret, P., Use of the Proceeds and Long-term Performance of French SEO Firms, European Financial Management, 2005, 11, 1: 99—122.
78. Jensen, M. C. and W. H. Meckling, Theory of the Firm: Managerial Behavior, Agency Costs and Ownership Structure, Journal of Financial Economics, 1976, 3, 4: 305—360.
79. Jensen, M. C., Agency Costs of Free Cash Flow, Corporate Finance, and Takeovers, American Economic Review, 1986, 76, 2: 323—329.
80. Jensen, M. C. and K. J. Murphy, PerformancePay and Top-management Incentives, Journal of Political Economy, 1990, 98: 225—264.
81. Jian, M. and T. J. Wong, Earnings Management and Tunneling Through Related Party Transactions: Evidence from Chinese Corporate Groups, SSRN, Working Paper, 2005.
82. Jiang, G., C. Lee, and H. Yue, Tunneling Through Inter-corporate Loans: The China Experience, Journal of Financial Economics, 2010, 98, 1: 1—20.
83. Johnson, S., R. La Porta, F. Lopez-De-Silanes, and A. Shleifer, Tunneling, The American Economic Review, 2000, 90, 2: 22—27.
84. Kaplan, S. N. and A. M. Bernadette, Appointments of Outsiders to Japanese Boards: Determinants and Implications for Managers, Journal of Financial Economics, 1994, 36: 225—257.
85. Kaplan, S. and B. Minton, Top Executives, Turnover, and Firm Performance in Germany, Journal of Law, Economics and Organization, 1994, 10, 142—159.
86. Kim, Y. O., Informative Conversion Ratios: A Signaling Approach, Journal of Financial and Quantitative Analysis, 1990, 25, 2: 229—243.

87. Krishnaswami, S., and D. Yaman, The Role of Convertible Bonds in Alleviating Contracting Costs, The Quarterly Review of Economics and Finance, 2008, 48, 792—816.
88. Kuhlman, R. B. and C. R. Radcliffe, Factors Affecting the Equity Price Impacts of Convertible Bonds, Journal of Applied Business Research, 1992, 08: 79—86.
89. Lang, L. H. P., R. M. Stulz, and R. A. Walkling, Managerial Performance, Tobin's Q, and the Gains from Successful Tender Offers, Journal of Financial Economics, 1989, 24, 1: 137—154.
90. Lang, L. H. P., R. M. Stulz, and R. A. Walkling, A Test of the Free Cash Flow Hypothesis: The Case of Bidder Returns, Journal of Financial Economics, 1991, 29, 2: 315—335.
91. Lee, I. and T. Loughran, Performance Following Convertible Bond Issuance, Journal of Corporate Finance, 1998, 04:185—207.
92. Lewis, C. M., R. J. Rogalski, and J. K. Seward, Agency Problems, Information Asymmetries, and Convertible Debt Security Design, Journal of Financial Intermediation, 1998, 7: 32—59.
93. Lewis, C. M., R. J. Rogalski, and J. K. Seward, Is Convertible Debt A Substitute for Straight Debt or for Common Equity? Financial Management, 1999, 28, 3: 5—27.
94. Lewis, C. M., R. J. Rogalski, and J. K. Seward, The Long-run Performance of Firms That Issue Convertible Debt: An Empirical Analysis of Operating Characteristics and Analyst Forecasts, Journal of Corporate Finance, 2001, 7, 4: 447—474.
95. Lewis, C. M., R. J. Rogalski, and J. K. Seward, Risk Changes Around Convertible Debt Offerings, Journal of Corporate Finance, 2002, 8: 67—80.
96. Lewis, C. M., R. J. Rogalski, and J. K. Seward, Industry Conditions, Growth Opportunities and Market Reactions to Convertible Debt Financing Decisions, Journal of Banking and Finance, 2003, 27, 1: 153—181.
97. Li, K. and N. R. Prabhala, Handbook of Empirical Corporate Finance, Edited by B. Espen Eckbo, 2007, 1: 37—86.
98. Li, K., D. Griffin, and H. Yue, How Does Culture Influence Corporate Risk-taking?

Journal of Corporate Finance, 2013, 23: 1—22.

99. Li, L., M. Shi, and H. Wang, The Value of Shareholder Activism: New Evidence from the Split-share Structure Reform in China, SSRN, Working Paper, 2008.

100. Li, X., and X. Zhao, Propensity Score Matching and Abnormal Performance after Seasoned Equity Offerings, Journal of Empirical Finance, 2006, 13: 351—370.

101. Liao, L., M. Shi, and H. Wang, The Value of Shareholder Activism: New Evidence from the Split-share Structure Reform in China, SSRN, Working Paper, 2008.

102. Loughran, T. and J. R. Ritter, The New Issue Puzzle, Journal of Finance, 1995, 50: 23—51.

103. Lyandres, E., L. Sun, and L. Zhang, The New Issues Puzzle: Testing the Investment-based Explanation, Review of Financial Studies, 2008, 21, 6: 2825—2855.

104. Marris, R., The Economic Theory of Managerial Capitalism, London, MacMillan, 1964.

105. Masulis, R. W., C. Wang, and F. Xie, Corporate Governance and Acquirer Returns, The Journal of Finance, 2007, 62, 4: 1851—1889.

106. Mayers, D., Why Firms Issue Convertible Bonds: The Matching of Financial and Real Investment Options, Journal of Financial Economics, 1998, 47, 1: 83—102.

107. McLaughlin, R., A. Safieddine and G. K. Vasudevan, The Information Content of Corporate Offerings of Seasoned Securities: An Empirical Analysis, Financial Management, 1998, 27, 2:31—45.

108. Mirrlees, J., The Optimal Structure of Incentives and Authority Within an Organization, Bell Journal of Economics, 1976, 7: 105—131.

109. Modigliani, F. and M. Miller, The Cost of Capital, Corporation Finance and the Theory of Investment, American Economic Review, 1958, 48: 261—297.

110. Moeller, S. B., F. P. Schlingemann, and R. M. Stulz, Wealth Destruction on a Massive Scale? A Study of Acquiring-firm Returns in the Recent Merger Wave, The Journal of Finance, 2005, 60, 2: 757—782.

111. Morck, R., B. Yeung, and W. Yu, The Information Content of Stock Markets: Why Do Emerging Markets Have Synchronous Stock Price Movements? Journal of Financial

Economics, 2000, 58:215—260.

112. Morck, R., A. Shleifer, and R. W. Vishny, Do Managerial Objectives Drive Bad Acquisitions? The Journal of Finance, 1990, 45, 1: 31—48.

113. Murphy, K. J., Corporate Performance and Managerial Remuneration: An Empirical Analysis, Journal of Accounting and Economics, 1985, 7, 1: 11—42.

114. Murphy, K., Executive Compensation, Handbook of Labor Economics, Part 2, 1999, 3: 2485—2563.

115. Myers, S. C. and N. S. Majluf, Corporate Financing and Investment Decisions When Firms Have Information That Investors Do Not Have, Journal of Financial Economics, 1984, 13, 2: 187—221.

116. Myers, S. C., Determinants of Corporate Borrowing, Journal of Financial Economics, 1977, 5: 147—175.

117. Opler, T., L. Pinkowitz, and R. Stulz, The Determinants and Implications of Corporate Cash Holdings, Journal of Financial Economics, 1999, 52, 1: 3—46.

118. Ortiz-Molina, Hernan, Executive Compensation and Capital Structure: The Effects of Convertible Debt and Straight Debt on CEO Pay, Journal of Accounting and Economics, 2007, 43: 69—93.

119. Prevost, A. K. and R. P. Rao, Of What Value Are Shareholder Proposals Sponsored by Public Pension Funds? Journal of Business, 2000, 73: 177—204.

120. Prowse, S. D., Institutional Investment Patterns and Corporate Financial Behavior in the United States and Japan, Journal of Financial Economics, 1990, 27: 43—66.

121. Richardson, S., Overinvestment of Free Cash Flow, Review of Accounting Studies, 2006, 11, 159—189.

122. Saly, P. J., Repricing Executive Stock Option in a Down Market, Journal of Accounting and Economics, 1994, 18, 3:325—356.

123. Shin, H. H. and Y. H. Kim, Agency Costs and Efficiency of Business Capital Investment: Evidence from Quarterly Capital Expenditures, Journal of Corporate Finance, 2002, 8, 2: 139—158.

124. Shleifer, A. and R. W. Vishny, Management Entrenchment: The Case of Manager-

specific Investments, Journal of Financial Economics, 1989, 25, 123—139.
125. Shleifer, A. and R. W. Vishny, A Survey of Corporate Governance, The Journal of Finance, 1997, 52, 2: 737—783.
126. Siddiqi, M. A., Investigating the Effectiveness of Convertible Bonds in Reducing Agency Costs: A Monte-Carlo Approach, The Quarterly Review of Economics and Finance, 2009, 49:1360—1370.
127. Spiegel, M., and H. Tookes, Dynamic Competition, Innovation and Strategic Financing, SSRN, Working Paper, 2008.
128. Stein, J. C., Convertible Bonds as Backdoor Equity Financing, Journal of Financial Economics, 1992, 32, 1: 3—21.
129. Strong, J. S. and J. R. Meyer, Sustaining Investment, Discretionary Investment, and Valuation: AResidual Funds Study of the Paper Industry, Asymmetric Information, Corporate Finance, and Investment, University of Chicago Press, 1990: 127—148.
130. Stulz, R. M., Managerial Discretion and Optimal Financing Policies, Journal of Financial Economics, 1990, 26: 3—27.
131. Teoh, S. H., I. Welch, and T. J. Wong, Earnings Management and the Long-run Market Performance of Initial Public Offerings, Journal of Finance, 1998, 53:1935—1974.
132. Verdi, R., Financial Reporting Quality and Investment Efficiency, SSRN, Working Paper, 2006.
133. Vogt, S., The Cash Flow/Investment Relationship: Evidence from U.S. Manufacturing Firms, Financial Management, 1994, 23, 2: 3—20.
134. Wang, D., Founding Family Ownership and Earnings Quality, Journal of Accounting Research, 2006, 44, 3: 619—655.
135. Weiss, D., Cost Behavior and Analysts' Earnings Forecasts, The Accounting Review, 2010, 85, 4: 1441—1471.
136. Yermack, D., Do Corporations Award CEO Stock Options Effectively? Journalof Financial Economics, 1995, 39: 237—269.

137. Zwiebel, J., Dynamic Capital Structure under Managerial Entrenchment, The American Economic Review, 1996: 1197—1215.
138. 陈冬华,陈信元,万华林. 国有公司中的薪酬管制与在职消费. 经济研究,2005,02:92—101.
139. 陈汉文,陈向民. 证券价格的事件性反应——方法、背景和基于中国证券市场的应用. 经济研究,2002,01:40—47.
140. 陈仕华,郑文全. 公司治理理论的最新进展:一个新的分析框架. 管理世界,2010,02:156—166.
141. 陈晓. 上市公司的变脸现象探析. 广州:企业管理出版社,2003.
142. 陈小悦,肖星,过晓艳. 配股权与上市公司利润操纵. 经济研究,2000,01:30—36.
143. 邓建平,曾勇,何佳. 改制模式、资金占用与公司绩效. 中国工业经济,2007,01:104—112.
144. 邓建平,曾勇,何佳. 利益获取:股利共享还是资金独占. 经济研究,2007,04:112—123.
145. 杜沔,王良成. 我国上市公司配股前后业绩变化及其影响因素的实证研究. 管理世界,2007,03:114—121.
146. 方军雄. 我国上市公司高管的薪酬存在粘性吗? 经济研究,2009,03:110—124.
147. 方轶强,夏立军. 上市公司收购的财富效应:基于信号理论和效率理论的解释. 中国会计与财务研究,2005,02:1—49.
148. 樊纲,王小鲁,朱恒鹏,中国市场化指数:各地区市场化相对进程2011年报告. 北京:经济科学出版社,2011.
149. 高雷,宋顺林. 治理环境、治理结构与代理成本——来自国有上市公司面板数据的经验证据. 经济评论,2007,03:35—40.
150. 高雷,张杰. 公司治理、机构投资者与盈余管理. 会计研究,2008,09:64—72.
151. 姜付秀,黄磊,张敏. 产品市场竞争、公司治理与代理成本. 世界经济,2009,10:46—58.
152. 江伟. 负债的两面性与公司价值. 中国经济问题,2004,06:64—73.
153. 江伟,沈艺峰. 大股东控制、资产替代与债权人保护. 财经研究,2005,12:

95—106.

154. 贺建刚,刘峰,魏明海. 利益输送、媒体监督与公司治理:五粮液案例研究. 管理世界,2008,10:142—164.

155. 胡汝银. 中国上市公司成败实证研究. 上海:复旦大学出版社,2003.

156. 洪剑峭,薛皓. 股权制衡对关联交易和关联销售的持续性影响. 南开管理评论,2008,01:24—30.

157. 姜国华,徐信忠,赵龙凯. 公司治理和投资者保护研究综述. 管理世界,2006,06:161—170.

158. 姜再勇,严宝玉,盛朝晖,李宏瑾. 经济价值创造、投资效率与宏观经济增长方法及对我国和北京市制造业面板数据的研究. 金融研究,2007,11:118—128.

159. 刘斌,刘星,李世新,何顺文. CEO薪酬与企业业绩互动效应的实证检验. 会计研究,2003,03:35—39.

160. 李琳,刘凤委,卢文彬. 基于公司业绩波动性的股权制衡治理效应研究. 管理世界,2009,05:145—151.

161. 李明辉. 股权结构、公司治理对股权代理成本的影响——基于中国上市公司2001—2006年数据的研究. 金融研究,2009,02:149—167.

162. 李善民,张媛春. 制度环境、交易规则与控制权协议转让的效率. 经济研究,2009,05:92—105.

163. 李寿喜. 产权、代理成本和代理效率. 经济研究,2007,01:102—112.

164. 李增泉. 激励机制与企业绩效:一项基于上市公司的实证研究. 会计研究,2000,01:24—30.

165. 李增泉,孙铮,王志伟. "掏空"与所有权安排——来自我国上市公司大股东资金占用的经验证据. 会计研究,2004,12:3—13.

166. 李维安,李汉军. 股权结构、高管持股与公司绩效——来自民营上市公司的证据. 南开管理评论,2006,05:4—10.

167. 李志文,宋衍蘅. 影响中国上市公司配股决策的因素分析. 经济科学,2003,03:59—69.

168. 李涛. 国有股权、经营风险、预算软约束与公司业绩:中国上市公司的实证发现. 经济研究,2005,07:77—89.

169. 林毅夫,李志.政策性负担、道德风险与预算软约束.经济研究,2004,02: 17—27.
170. 刘娥平.中国上市公司可转换债券发行公告财富效应的实证研究.金融研究, 2005,07:45—56.
171. 刘峰,钟瑞庆,金天.弱法律风险下的上市公司控制权转移与"抢劫"——三利化工掏空通化金马案例分析.管理世界,2007,12:106—116.
172. 刘峰,贺建刚.股权结构与大股东利益实现方式的选择——中国资本市场利益输送的初步研究.中国会计评论,2004,2,1:141—158.
173. 刘峰,贺建刚,魏明海.控制权、业绩与利益输送——基于五粮液的案例研究.管理世界,2004,08:102—118.
174. 刘凤委,孙铮,李增泉.政府干预、行业竞争与薪酬契约——来自国有上市公司的经验证据.管理世界,2007,09:76—84.
175. 柳建华,魏明海,郑国坚.大股东控制下的关联投资:"效率促进"抑或"转移资源".管理世界,2008,03:133—141.
176. 吕长江,肖成民.民营上市公司所有权安排与掏空行为——基于阳光集团的案例研究.管理世界,2006,10:142—164.
177. 陆正飞,魏涛.配股后业绩下滑:盈余管理后果与真实业绩滑坡.会计研究, 2006,08:52—59.
178. 卢锐,魏明海,黎文靖.管理层权力、在职消费与产权效率——来自中国上市公司的证据.南开管理评论,2008,05:85—92.
179. 罗党论,唐清泉.中国民营上市公司制度环境与绩效问题研究.经济研究, 2009,02:106—118.
180. 罗党论,唐清泉.市场环境与控股股东"掏空"行为研究——来自中国上市公司的经验证据.会计研究,2007,04:69—74.
181. 罗琦,肖文翀,夏新平.融资约束抑或过度投资:中国上市公司投资——现金流敏感度的经验证据.中国工业经济,2007,09:103—110.
182. 罗炜,朱春艳.代理成本与公司自愿性披露.经济研究,2010,10:143—154.
183. 毛小元,陈梦根,杨云红.配股对股票长期收益的影响:基于改进三因子模型的研究.金融研究,2008,05:115—129.

184. 赖其男,姚长辉,王志诚. 关于我国可转换债券定价的实证研究. 金融研究, 2005,09：105—121.
185. 牟晖,韩立岩,谢朵,陈之安. 中国资本市场融资顺序新证：可转债发行公告效应研究. 管理世界,2006,04：19—27.
186. 南开大学证券与公司财务研究中心课题组. 价值创造、金融体系和经济增长. 上海. 上证研究,2002,01.
187. 彭桃英,周伟. 中国上市公司高额现金持有动因研究. 会计研究,2006,05：42—49.
188. 平新乔,范瑛,郝朝艳. 中国国有企业代理成本的实证分析. 经济研究,2003, 11：42—53.
189. 屈文洲,林振兴. 中国上市公司可转债发行动因："后门权益"VS"代理成本". 中国工业经济,2009,08：141—151.
190. 钱颖一. 中国的公司治理结构改革和融资改革. 转轨经济中的治理结构：内部人控制和银行的作用（青木昌彦,钱颖一主编）. 北京：中国经济出版社,1995.
191. 宋力,韩亮亮. 大股东持股比例对代理成本的影响的实证分析. 南开管理评论, 2005,01：30—34.
192. 孙亮,刘春. 什么决定了盈余管理程度的差异：公司治理还是经营绩效？——来自中国证券市场的经验证据. 中国会计评论,2008,01：81—92.
193. 孙铮,李增泉. 股价反应、公司绩效与收购：来自中国上市公司的经验证据. 中国会计与财务研究,2003,01：32—63.
194. 唐国正. 投资群体差异与我国可转债价值低估——基于云化转债的案例分析. 管理世界,2005,08：121—133.
195. 唐雪松,周晓苏,马如静. 上市公司过度投资行为及其制约机制的实证研究. 会计研究,2007,07：44—52.
196. 唐跃军,谢仍明. 股份流动性、股权制衡机制与现金股利的隧道效应——来自1999—2003年中国上市公司的证据. 中国工业经济,2006,02：120—128.
197. 汤光华,赵爱平,宋平. 系统风险与会计风险. 金融研究,2006,04：109—121.
198. 田利辉. 杠杆治理、预算软约束和中国上市公司绩效. 经济学季刊,2004,03：15—26.

199. 田利辉. 国有产权、预算软约束和中国上市公司杠杆治理. 管理世界, 2005, 07: 123—128.

200. 童盼, 陆正飞. 负债融资、负债来源与企业投资行为——来自中国上市公司的经验证据. 经济研究, 2005, 05: 75—84.

201. 王兵. 独立董事监督了吗——基于中国上市公司盈余质量的视角. 金融研究, 2007, 01: 109—120.

202. 王乔, 章卫东. 股权结构、股权再融资行为与绩效. 会计研究, 2005, 09: 51—56.

203. 王彦超. 融资约束、现金持有与过度投资. 金融研究, 2009, 09: 121—131.

204. 汪辉. 上市公司债务融资、公司治理与市场价值. 经济研究, 2003, 08: 28—35.

205. 万华林, 陈信元. 治理环境、公司寻租与交易成本——基于中国上市公司非生产性支出的经验证据. 经济学季刊, 2010, 9, 2: 553—569.

206. 魏刚. 高级管理层激励与上市公司经营业绩. 经济研究, 2000, 03: 32—39.

207. 魏明海, 柳建华. 国企分红、治理因素与过度投资. 管理世界, 2007, 04: 88—94.

208. 伍利娜, 陆正飞. 公司投资行为与融资结构的关系——基于一项实验研究的发现. 管理世界, 2005, 04: 99—105.

209. 肖作平, 陈德胜. 公司治理结构对代理成本的影响——来自中国上市公司的经验证据, 财贸经济, 2006, 12: 29—35.

210. 辛清泉, 林斌, 王彦超. 政府控制、经理薪酬与资本投资. 经济研究, 2007, 08: 110—122.

211. 辛清泉, 林斌, 杨德明. 中国资本投资回报率的估算和影响因素分析——1999—2004 年上市公司的经验. 经济学季刊, 2007, 04: 1145—1162.

212. 辛清泉, 谭伟强. 市场化改革、公司业绩与国有公司经理薪酬. 经济研究, 2009, 11: 68—81.

213. 徐细雄、万迪昉、淦未宇. 我国企业高管人员激励机制研究: 可转债视角. 金融研究, 2007, 01: 99—108.

214. 辛宇, 徐莉萍. 公司治理机制与超额现金持有水平. 管理世界, 2006, 05: 136—141.

215. 谢德仁, 陈运森. 金融生态环境、产权性质与负债的治理效应. 经济研究, 2009, 05: 118—129.

216. 修宗峰,杜兴强. 幸福感能够降低代理成本吗? Fourth Symposium of China Journal of Accounting Research. 北京:2010,12.

217. 姚明安,孔莹. 财务杠杆对公司投资的影响——股权集中背景下的经验研究. 会计研究,2008,04:33—40.

218. 杨如彦,孟辉,徐峰. 可转债的信号发送功能:中国市场的例子. 经济学季刊,2006,10:207—226.

219. 杨华军,胡奕明. 制度环境与自由现金流的过度投资. 管理世界,2007,09:99—106.

220. 叶康涛,陆正飞,张志华. 独立董事能否抑制大股东的"掏空"? 经济研究,2007,04:101—111.

221. 原红旗. 股权再融资之"谜"及其理论解释. 会计研究,2003,05:16—21.

222. 尹志宏,姜付秀,秦义虎. 产品市场竞争、公司治理与信息披露质量. 管理世界,2010,01:133—141.

223. 张高擎,廉鹏. 可转债融资与机构投资者侵占行为. 管理世界,2009,S1:110—121.

224. 张金清,刘烨. A股上市公司的股权再融资对价值创造的影响. 管理科学学报,2010,13,09:47—54.

225. 张俊瑞,赵进文,张建. 高级管理层激励与上市公司经营绩效相关性的实证分析. 会计研究,2004,09:29—34.

226. 张敏,黄继承. 政治关联、多元化与公司风险——来自我国证券市场的经验证据. 管理世界,2009,07:156—164.

227. 张敏,姜付秀. 机构投资者、公司产权与薪酬契约. 世界经济,2010,08:43—58.

228. 张兆国,宋丽梦,张庆. 我国上市公司资本结构影响股权代理成本的实证分析. 会计研究,2005,08:44—49.

229. 张雪芳. 可转换债券与公司市场价值——对我国上市公司的理论与实践研究. 北京:经济科学出版社,2008.

230. 张永力,盛伟华. 我国可转换公司债券赎回公告效应研究. 金融研究,2010,03:112—129.

231. 张峥,孟晓静,刘力. A股上市公司的综合资本成本与投资回报——从内部报酬率的视角观察. 经济研究, 2004, 08: 74—84.
232. 曾庆生, 陈信元. 何种内部治理机制影响公司权益代理成本——大股东与董事会治理效率之比较. 财经研究, 2006, 02: 106—117.
233. 曾庆生. 超额雇员、权益代理成本与公司价值——来自国有上市公司的经验证据. 上海立信会计学院学报, 2007, 21, 1: 41—47.
234. 郑国坚, 魏明海, 孔东明. 大股东内部市场与上市公司价值: 基于效率观点和掏空观点的实证检验. 中国会计与财务研究, 2007, 9, 4: 1—41.
235. 郑国坚. 企业集团内部市场: 效率与"掏空"——基于我国上市公司的实证研究, 北京: 经济科学出版社, 2008.
236. 郑志刚, 吕秀华. 董事会独立性的交互效应和中国资本市场独立董事制度政策效果的评估. 管理世界, 2009, 07: 133—138.

后　记

　　每次阅读前辈们的博士论文后记总令我快乐无比,引无数共鸣,构想我博士毕业时要将诸多感受付诸笔端,写一篇洋洋洒洒、激情四射的后记,也算是为自己初入研究领域的六年寒窗苦读留一道浅浅的划痕。岁月如水,滴滴答答地不经意间流过,当幻境成真时,我在纸上删删改改,似有无穷言语如鲠在喉,却总是欲语还休。

　　窗外阳光灿烂,碧绿的尖尖新叶似繁花迷了我的眼,六年的研究生活如电影一样在脑海中快速闪过,却抓不住我想要的画面。一个声音轻轻地问我,为什么要进入研究这个领域,是生活所累还是追名逐利？思绪渐渐飘回了遥远而又清晰的六年前。

　　扪心自问,考研的初衷简单得令人难以相信,仅仅是想百分之百付出地做一件自己一直想做的事情。半年的考试准备期对已经工作了五年的我来说太短了,虽然拼尽了全力,为伊消得人憔悴,瘦了整整十斤,我终究还是与梦中之校擦肩而过。那一瞬间,我全然不顾自己的淑女形象,在熙熙攘攘的人群中泪流满面,唏嘘不已。然而,得失一念间,塞翁失马,焉知非福。经调剂,我来到了马鞍山这座安静的小城,就读于安徽工业大学这所名不见经传的学校。然而,就在这里,我开始迷上了研究。不可否认,考研失利后的不甘心是我硕士三年苦读的初始动力。硕士一年级,即 2005 年,经过仔细的斟酌和思考,我选择了中山大学作为考博的目标。此时,实证研究在国内如火如荼地展开,中大在研究范式的成功转型中声名鹊起。选择中大,就意味着我必须在研究范式上完成转型。硕士二年级,我一边做着规范文章以满足学校硕士毕业的要求,一边开始学习实证研究的基本知识,比如计量经济学。感谢我的硕士生导师戴新民教授,您不仅全力支持我研究范式的转型,还专门替我介绍了安工大最好的计量经济学老师以方便我自学。实证的魅力在于为规范研究中双方争执不下的命题提供一个可以检验的方法,这是我硕士阶段对实证的理解。也正是被其可检验性这一特征所吸引,我像一个初生的婴儿对世界充满好奇般对实证研究中的一切都感到新奇和不可思议,甚至透支着自己的体力和精力,快乐地学习和探索着。在戴老师的鼎力支持下,我硕士论文选择了实证研究范式。虽然,硕士论文写得实在很粗糙,甚至贻笑大方,但我仍觉得值得,至少我开始尝试推开实证研究的门,走进去细细品味,而不再是走马观花,浅尝辄止。

三年前,在草长莺飞的三月我来到了中大参加博士生入学考试。第一眼我便爱上了这所华南最高学府。除了那绿草如茵的大草坪、古老而虬结的大榕树还有荣光堂墙上老式的壁灯外,红楼绿瓦浸染的墨香瞬间征服了我。博士生一年级用魔鬼训练称之毫不为过。因本科和硕士都主修会计,我除了学习本专业的知识和文献外,还选修或者旁听了会计系博士生课程。每天穿梭于美丽的大草坪之间,来去匆匆,竟然没有时间驻足好好欣赏一番。当终于参加完所有的考试后,我把自己扔在大草坪上,来了个五体投地的狠狠拥抱。得益于博士生一年级的广泛阅读,二年级开始四处打游击做了好几个研究设计,可惜最后形成文字的却只有一篇文章,的确有些汗颜。经过一年级的狠扎基础,二年级的四处游荡,到了二年级上学期末,经导师刘娥平教授的不停提醒和催促，我开始着手构建博士论文框架这一艰难的工作。刚开始时，有点找不到方向，我强迫自己平静下来，理顺自己要研究的问题之间的逻辑关系。感谢中大的游泳池，即使在寒冷的冬天也开放。在那个冬天，我每天都去游晨泳，借着冷水的刺激，让自己找到生活和研究的节奏感，斗志昂扬。几经思考以及同刘老师探讨，终于确定了博士论文的框架。博士生三年级，基本上都在博士论文的写作中度过。写作不顺畅或者数据处理结果不理想时，便沉浸在论文世界里，经常念念有词，常因想出解决方法而手舞足蹈，也会因解决方法失败而捶胸顿足，百思不得其解，郁郁寡欢。写作顺畅时，更是几乎足不出户，蓬头垢面，偶尔出去打饭，对即使近在眼前的朋友也是熟视无睹，时间和空间仿佛都因此而停滞。当博士论文初稿写完时，时值深夜，疲惫异常，却清醒得无法入睡，想要群魔乱舞似的庆祝一番，却没有丝毫力气。

这六年一路走来，风风雨雨，笑泪参半，幸有无数长辈呵护，同辈鼓励。我首先要感谢我的导师刘娥平老师。如果没有您，今天的我可能早已远离了学术之路。还记得博士生入学考试时，我虽初试成绩尚可，面试却不尽如人意，不得不进行调剂。而调剂的首要任务就是要找到接收我的博导。一个阳光明媚的下午，我轻轻敲响了您办公室的门。对于我这个突兀的拜访者，您给予了足够的耐心和包容，倾听甚至鼓励我表达我那些肤浅的学术观点，尔后我便幸运地拜入您的门下。感谢您一直以来对我的宽容，我好奇心重，喜欢在学术各个领域中游荡，甚至有时候游荡得有点远，您只是宽容地看着我游荡，并在适当的时候提醒我该迷途知返了。如果没有您的提醒和监督，我的博士论文难以成稿。感谢您对我的慷慨资助。您认为出去参加各种学术会议是很好的交流方式，因此，无论我去哪里开会交流，您都会及时为我报销来回的机票和其他费用，让我从来不用为出行是坐火车还是飞机而烦恼。

另外一个要特别感谢的是管理学院会计系谭燕教授。在迷茫彷徨,四处寻找博导调剂时,我贸然地敲开了您办公室的门。您不仅没有责备我,还主动帮我联系了刘娥平老师,让我的求学梦可以继续。然而,博士生期间不太理想的研究成果使我羞于见您,只能不断努力,希望自己以后可以越做越好,不辜负您的一番好意成全。

同时,我还要感谢管理学院的顾乃康教授、李善民教授和辛宇教授,你们呕心沥血的授课让我获益匪浅,夯实了我继续研究的基础。感谢美国罗得岛大学的 Bingxuan Lin 教授,您对文献的梳理和对我们的严格要求,为我进一步广泛阅读文献奠定了扎实的基础。感谢新加坡南洋理工大学的 Clive Lennox 教授,您深入浅出而又风趣的授课方式开启了我运用 Stata 计量软件的大门。感谢加拿大英属哥伦比亚大学的 Kai Li 教授,在我做您的助教期间,您不仅耐心地回答我所提出的学术问题,同时还教会了我很多做人的道理。感谢陆家骝教授、陈珠明副教授,你们在我博士论文的开题中给予了极富建设性的意见,帮我进一步理清了研究的思路。

在所有长辈中婆婆对我的支持最贴心。您待我如亲生女儿,鼓励我念书,不让我做任何家务事。结婚多年,一直没有要小孩,公公每次想要催我们时,您就一改温柔本性对他又是瞪眼又是责骂,不希望我们有任何的压力。感谢公公常常鞭策我们,使我们在学习上不敢有丝毫懈怠。同时也很感谢我的父母,母亲教会我独立,一直教导我要做一个知识女性,父亲更是直接从经济上进行支援,并努力锻炼自己的身体,让我们没有后顾之忧。

对孙亮的感谢一言难尽,我们自相识到现在已有 14 个春秋。14 年来,一直在异乡漂泊,幸运的是我们一直在一起,共同分享成长的喜悦和分担生活的无奈。没有你的陪伴,我不可能走上和爱上学术之路。还记得在安工大,初学计量经济学软件时,两个人兴奋不已,互相展示自己学到的东西。还记得自己博士生入学面试失利时,你鼓励我坚持下去。还记得自己因为论文数据出了问题,熬通宵找错时,你居然默默地陪了我一整夜。所有的一切,我都铭记于心。同时,感谢我的妹妹刘莉和妹夫林平,你们在我读书期间照顾爸爸,并给予我经济上的支持。我们所用的两台笔记本电脑都是来自你们的慷慨资助。

感谢我的同门师弟们,你们使我感受到了大家庭的温暖。感谢师弟郑云鹰在我母亲来广州治病期间所提供的无私帮助,让我能够应对自如。感谢师弟贺晋经常热情款待,让我在满足口腹之欲后,还能聊聊家乡的种种往事,以慰乡愁。感谢师弟徐海和赵伟捷,你们的上进好学鞭策我不停前进。最后,我要感谢与我在同一个博士生工作室一起奋斗的兄弟姐妹们,他们是黄炎、黄琼宇、李敏才、程六兵、郑军、宋顺林、简宇寅、王林坚、陈艳艳、刘瑾、徐欣、陈增祥、张端阳、黄迟、李晓平以及赵彩霞师姐和孔祥婷师姐。因为有你们,我的博士生生活更加丰富多彩,你们将永远与这段激情飞扬的岁月同在。

研究之路才刚刚起航,将经历风雨的洗礼和考验,而我坚信,风雨之后必有彩虹。谨以此文纪念之。

刘 春

2011 年 3 月 29 日于康乐园

续 后 记

本书以我的博士论文为雏形,删减修改而成,得以成稿并出版实在非常幸运。本书的初稿完成于 2011 年 6 月,之后一直琐事缠身,无暇修改。博士生毕业后留校任教,从学生突然转变为老师,从两耳不闻窗外事只需专心读书到四面兼顾,顾此失彼成为常态,直至 2013 年的炎炎夏日。2013 年 6 月 9 日,博士后出站报告结束当天,正巧恩师刘娥平教授询问该书的修改进度,我便决心闭关修炼,完成这早应完成的事。

看似简单的数据更新,却因为失去了新开项目时的激情和冲动而更需要耐心和细心,在我烦躁不安并一筹莫展之时,同样繁忙的赵伟捷师弟向我推荐了关静怡小师妹。非常感谢伟捷师弟及时的推轮捧毂和静怡师妹的拔刀相助,本书的表格更新基本上由静怡师妹完成。如果没有她的帮助,我难以在约定时间按时交稿。本书能顺利出版徐音编辑更是功不可没,从选题到合同的签订,再到校对,徐编辑总是非常细心和尽责,尤其让人感动的是,她不仅对我错漏百出的初稿给予了极大的包容,而且还逐字逐句斟酌修改。这不仅减轻了我的工作量,更是极大地提升了本书的质量。

感谢恩师刘娥平教授对我的教导、关心和照顾,让我这漂泊异乡的浪子无所畏惧,勇往直前。感谢北大出版社赐予我机会,让这本学术专著得以面世。感谢这个春天,我终于在春暖花开时,弹完了我博士生涯的最后一个音符。"路漫漫其修远兮,吾将上下而求索",仅以此勉之。

刘 春

2014 年 4 月 26 日于荔园